미래의 부자인 _____ 님을 위해

이 책을 드립니다.

가상화폐 차트분석
교과서

가상화폐 차트분석 교과서

초판 1쇄 발행 | 2024년 4월 17일

지은이 | 크맨
펴낸이 | 박영욱
펴낸곳 | 북오션

주　　소 | 서울시 마포구 월드컵로 14길 62 북오션빌딩
이메일 | bookocean@naver.com
네이버포스트 | post.naver.com/bookocean
페이스북 | facebook.com/bookocean.book
인스타그램 | instagram.com/bookocean777
유튜브 | 쏠쏠TV·쏠쏠라이프TV
전　화 | 편집문의: 02-325-9172　　영업문의: 02-322-6709
팩　스 | 02-3143-3964

출판신고번호 | 제 2007-000197호

ISBN 978-89-6799-811-0 (03320)

가상화폐 차트분석 교과서

7년의 노하우가 담긴 차트 이야기

크맨 지음

북오션

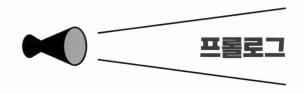

프롤로그

'바닥에 사서 고점에 팔아라'
는 말은 분명 수익을 내기 위해 필요한 일입니다. 처음 책이 나온 지 7년이란
시간이 지났습니다. 의도치 않게 당시에 책이 사랑을 받았습니다. 처음 책을
출간할 당시 생각은, 주식과 유사하면서 약간 다른 매매 방식의 차이에 대한
연구가 이뤄질 상황에서 '입문자를 위한 선행 실험' 정도로 참고할만한 내용
을 공유하고 싶었습니다. 그래서 처음 매매를 하던 2017년의 기존 주식시장
의 여러 문헌을 비교하며 직접 매매를 해보고 시행착오를 겪은 내용을 담았
습니다.

이 책으로 소위 말하는 '대박'을 꿈꾼다면 아마 높은 확률로 어려울 것이라
자신합니다. 급박하고 간절한 당신께 필요한 것은 이 책이 아니라, 근로소득
이나 사업소득의 안정적인 흐름을 만들어 먼저 심적 안정을 찾는 일입니다.
많은 자산가 분들의 투자를 옆에서 지켜보며 그분들도 사람이라는 점을 느낄
수 있었습니다. 누구에게나 손실은 뼈아프고 잠 못 이루는 것이었습니다. 차
이점은 그분들은 실패를 수십 번 해도 일어설 수 있는 자산과 여유가 있다는
점입니다. 저를 포함해서 책을 읽는 다수는 자산가가 아니기 때문에, 멘탈의

여유가 중요합니다. 이 책은 아쉽게도 그런 투자심리학적인 부분은 다루지 못합니다. 대신, 이 책은 매매 타이밍의 가늠좌를 일정하게 하고 영점을 조정해서 일정한 매매를 하는 데 약간의 도움은 될 수 있는 팁을 담았습니다. 이 글을 쓰는 사람은 유튜브에 나오는 초대박을 이루고 빌딩을 올리는 등의 성과를 이루지는 못했습니다. 대신, 손실이 난 여러 주변 사람과 블로그 이웃을 도우며 차트매매의 일정한 공통점이나 노하우를 찾았고 이를 통해 수익이 나는 것을 도운 경험이 있습니다. 그래서 이 책은 처음 출간 당시와 같은 포지셔닝으로 '입문자 중 탐구적인 성격이 강해 차트 트레이딩을 하려는 자'를 돕기 위한 제일 기초를 담당합니다.

각종 수험 분야에는 '노베'라는 말이 등장합니다. 노베이스의 줄임말로 기초가 없는 사람을 뜻합니다. 노베의 기준은 극과 극입니다. 예를 들어 취업시장에서 어떤 사람의 노베이스는 KMO입상경험이 있고, 어릴 때는 영재수학을 한 사람이 있다면, 수능 수포자로 취업시장에 뛰어드는 사람도 있습니다. 마찬가지로 가상화폐 분야에서도 노베이스의 기준은 크게 다릅니다. 누군가에게는 '인터넷에서도 찾을 수 있는 내용'이 될 수 있는 반면, 누군가에게는

'디테일한 부분을 짚어주는 책'이 될 수도 있습니다. 저는 이 책의 독자를 주식이나 선물 등 다른 분야에서 매매를 해보지 않은 분들을 기준으로 쉽게 설명하려고 노력했습니다. 최대한 현학적인 표현이나 용어지향적인 표현을 줄이려고 했습니다. 그럼에도 불구하고 이해가 어려우시다면, 제가 그랬던 것처럼 주식시장과 타 트레이더들의 의견을 참고하며 나만의 기준을 만들어가도록 노력하시면 도움이 될 것이라 생각합니다. 반면에 너무 쉽게 느껴지신다면, 알고 있는 지식이나 정보를 매매에 잘 활용했는지 돌이켜보는 작은 계기로 삼으셨으면 합니다. 잘 알고 있는 것과 알고 있는 것을 활용하는 것은 또다른 문제이기 때문입니다. 크게는 심리적인 문제일 수도 있고 작게는 순발력이나 판단력의 문제일수도 있습니다.

가상화폐 시장의 트렌드는 굉장히 빠른 편인데 반해, 서적은 출간하는 데 몇 달이 걸려 책에 내용을 추가하고 수정해야 합니다. 이 때문에 시장의 흐름이 훨씬 빠릅니다. 책이 매번 트렌드를 반영할 정도로 수정을 하고 싶지만 어려움이 있습니다. 이에 대해 죄송한 마음도 듭니다.

　책의 일부 부분이 현재의 내용과 다를 순 있지만 시장 정보(당시 이슈)나 거래소 상황(규제, UI개편) 정도에 관한 내용에 한해서입니다. 차트에 관해서는 주식시장부터 이어온 전통적인 매매기법에 제가 직접 매매를 해보면서 실험해보고 그중에서 보편적으로 독자분들이 해볼만한 내용을 책에 담았기 때문에 시간이 지나도 매매 방법은 변하지 않습니다. 이번에 마지막으로 수정을 하며 지난 경험과 사례를 조금 더 녹이려고 노력했습니다만 지면의 한계와 저의 부족으로 인해 단편적인 예시가 될 수 있음을 미리 알려드립니다. 대신 매매를 하기 위한 기초적인 내용 위주이며 최소한의 방어장비이기 때문에 여러가지 변인통제를 하면서 여러분이 매매타이밍을 만들어 나가는 게 중요합니다. 책은 가장 바닥에 있는 발판 정도라고 보시면 됩니다. 점프는 여러분이 하셔야 합니다.

　나의 매매 습관에 맞게 기본적인 원리를 확인하고 본인의 스타일로 만들어 나가는 것이 중요합니다. 성투를 기원합니다.

크맨

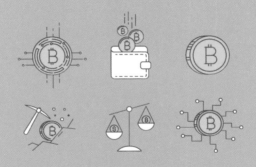

 **차례**

Chapter 02 **차트매매 실전**

Chapter 01

차트매매 기초

01

차트가 과연 안 맞을까?

차트가 그동안 당신에게 안 맞은 이유

누군가에게는 보물지도, 누군가에게는 검정그림판
- 시간대별 가격변화를 표기한 장부
- 주식에서 보던 지표를 코인판에 맞게 수정 필요
- 수익 극대화 위해 보조지표를 함께 분석
- 투자 성공률을 높이기 위해 차트 분석은 필수적
- 차트 분석은 '예측'보다 특정 상황에 '대응'을 하게 해준다

차트가 쓸모없다는 의견을 많이 볼 수 있다. 나도 처음 입문할 당시에는 차트보다는 감에 의존했었다. 하지만 감을 수치화하기 위해서 차트를 참고하는 것은 도움이 될 것이라 생각했고, 주식시장과는 다르게 가치판단이 훨씬 어

	가상화폐	주식
가격변동성	큼	상한가, 하한가 존재
거래시간	24시간	평일 09:00 ~ 15:30
양봉	초록색	빨강색
사이클	굉장히 짧다	길다
지표	짧은 주기에 맞게 적용	중장기 적용

려운 가상화폐 시장에서 매매를 결정짓는 변수 중 하나로서 활용할만하다는 판단을 할 수 있었다.

차트의 사전적 정의는 각종 자료를 알기 쉽게 정리한 표라고 할 수 있다. 그중 가상화폐의 차트는 시간의 순서에 따른 가격의 변화를 표기한 장부의 기능을 갖고 있다. 가상화폐를 투자하는 방법에는 크게 채굴, ICO 투자, 매매로 나눌 수 있다. 이때 매매 투자 방법 중 차트에 의한 매매 방법, 로드맵이나 호재에 맞춰 매매하는 투자 방법, 일정 기간을 두고 장기적으로 가상화폐를 보유하며 투자하는 방법으로 세분화할 수 있다. 이 중에서 차트에 의한 매매 방법은 주식차트와 비교할 수 있다.

가상화폐의 차트는 주식차트와 거의 같지만 다른 특성이 있다. 가상화폐는 24시간 거래가 되기 때문에 기록 또한 24시간 끊이지 않는다. 이 때문에 사이클이 빠르다. 또한 짧은 사이클로 큰 등락을 보여 국내에서는 단타를 하는 투자자가 많다.

보조지표 또한 주식과 쓰임새가 다르다. 주식에서는 보조지표를 중장기 추세를 확인하는 지표들을 많이 사용하는 데 반해 가상화폐 차트에서는 단기·

중기·장기 투자자 모두 단기매매에 유리한 지표를 활용한다. 그래야 수익률이 좋기 때문이다.(구체적인 내용은 2장에서 실전 예제와 함께 자세하게 다룬다.)

흔히 주식에서 많이 쓰이는 엘리엇 파동이론은 가상화폐에는 적용하기 어렵다. 이론을 적용하기도 전에 한 사이클이 지나가버리는 경우가 많고, 짧은 사이클 안에서 파동을 관찰할 수 있는 트레이더가 많지 않기 때문이다. 가상화폐의 차트는 주식과 다르게 상한가, 하한가 이상의 높은 등락폭이 생길 수 있다. 또한 국내 주식차트에서는 양봉(처음 가격보다 올랐을 때 차트에 표현하는 막대)은 빨강색, 음봉(처음 가격보다 내렸을 때 차트에 표현하는 막대)은 초록색이지만, 가상화폐 차트에서는 양봉은 초록색, 음봉은 빨강색으로 표현한다.

차트를 어떻게 해석해야 수익을 극대화할 수 있을까? 먼저 차트에서 가격

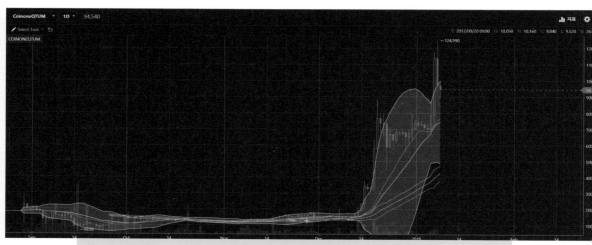

단순히 차트 상 내리고 있으니 사야 할까? 만약 그렇게 생각한다면 당신은 손해를 볼 가능성이 높다.

을 분석하는 보조지표들을 활용할 필요가 있다. 보조지표란 차트를 분석하기 위해 가격흐름에 특정상황을 가정하여 일반화하고, 보조지표가 특정 수치가 되었을 때 가격이 오르거나 내리는 것을 예측하도록 도와주는 차트를 말한다.

보조지표는 주식 보조지표를 활용할 수 있다. 혹자는 코인판은 차트가 안 맞아서 의미가 없다고 하거나 차트는 예측이 불가능하여 신뢰할 수 없다고 한다. 하지만 코인판에 맞는 보조지표를 활용하면 충분히 차트를 분석·활용할 수 있다. 또한 차트는 '예측'의 목적도 있지만, 그보다 특정 가격에 도달했을 때 '대응'의 목적이 더 크다. 차트가 정말 맞지 않았다면 수많은 차트 분석 사이트는 문을 닫았고 트레이더들은 사장되었을 것이다.

차트 분석이 익숙해지면 가격의 흐름 속에서 수익을 낼 수 있고 사놓고 무작정 오르길 기도하거나 "가즈아!"라고 외치기보다 매도시점을 고려하게 될 것이다. 호재나 악재 정보를 빠르게 접하는 것은 매매를 쉽게 해준다. 리딩방이나 누군가가 차트를 읽어주는 것 또한 매매하기는 참 쉽고 편할 수 있다. 하지만 차트를 분석할 줄 알면 가격이 강하게 내리는 순간에도, 흔히 말하는 '떡상'을 할 때에도 매매타이밍을 '스스로' 가져갈 수 있게 될 것이다.

그럼 내가 하면 차트가 안 맞는 이유는 무엇일까? 먼저, 내가 차트를 잘못 봤을 가능성이 높다. 같은 내용을 보고도 다른 분석을 할 수 있는 것이다. 이런 경우는 가상화폐뿐 아니라 과학, 공학, 사회문화 등 통계와 그래프가 존재하는 분야 중 기준이 정해지지 않은 경우에 발생할 수 있는 흔한 일이다. 이에 대해서는 본문에서 실패 사례와 함께 다룰 예정이다. 두 번째로는 차트가 안 맞기 때문이다. 의아해할 수 있지만, 차트가 모든 내용을 대변하지는 않는다. 100년만의 폭우, 1000년 재현주기의 지진처럼 통계값을 벗어나는 아웃라이어의 상황에는 통계(차트)가 무의미해질 수 있다. 그래서 사실은 배움에 더욱 정진해야 한다. 내가 매매를 해야 하는 상황인지, 하면 안 되는 상황인지에 대해서는 판단이 되어야 하기 때문이다. 이런 매매에서의 자연재해에 대한 내용은 마찬가지로 뒤에서 다룬다.

매매에 존재하는 여러 요소를 배재하지 않고 여러 가능성을 염두할 줄 알아야 한다. 흐름에 대한 가능성을 파악하기 어렵다면 여러 차트 사이트의 다른 트레이더들의 의견을 참고하는 것도 방법이 될 수 있다. 하지만 자신의 매매 관성이 만들어지지 않은 상황에서 다른 사람의 의견을 분석할 수 없다면 먼저 공부를 더 하는 것이 나을 수 있다.

예를 들어 트레이더마다 추세선을 그리는 정도가 다를 수 있다. 어떤 사람은 러프하게 그릴 수 있고(완만하게, 공격적), 어떤 사람은 보수적으로 그릴 수도 있다.(가파르게, 방어적) 이런 성향의 차이는 장 상황, 매매 주기, 사용 보조지표에 따라 다른 결과값을 만들어 낼 수 있다. 이 점을 간과하고 유명인의 흐름을 맹목적으로 따라간다면 10번째 수익 후 11번째에 모든 것을 잃을 수 있다.

02

거래는 심리게임이고
차트는 심리학 서적이다
차트를 모르고 거래하면 눈감고 기부하는 것

차트는 눈치게임의 흔적들
- 차트 분석은 심리게임이자 눈치게임이다
- 한국은 코인판에서 특히 '단타'의 민족임을 보여준다
- 높은 등락폭은 당신의 마음을 훔치기에 충분하다
- 과거의 유사한 사례에서 현재와의 차이점을 파악하고 이를 종합해서 미래의 움직임을 고려하는 것이 차트매매

누군가는 주식에 희로애락이 다 들어 있다고 말하지만, 그것은 가상화폐 거래가 생기기 전의 이야기이다. 가상화폐 거래를 한 번이라도 해본 투자자들이라면 공감할 것이다. 나 또한 처음 '묻지 마' 투자를 할 때에는 첫날부터

잠을 설쳤다. 리플코인(XRP)이 하루 사이에 250원에서 300원이 넘었기 때문이다. 그러다 하루 뒤 400원, 500원으로 뛰어오르자 감정이 마비되었다. 언제 팔아야 할지는 이미 잊은 지 오래였고, 잔고를 보면서 어느 맛집에 갈지 고민을 하고 있었다. 당시 리플코인은 수수료이벤트를 하여 '1원 띠기'(1원에 계속해서 사고파는 것)를 하면서 택시비를 벌고 있었다.

　그때는 '묻지 마' 투자였기에 전혀 머리어깨형이나 과매수 상태라는 것을 알지 못했다. 그러다 적당히 매도하려고 눈치를 보는 순간, 가격이 떨어지기 시작했다. 계속해서 가격이 떨어지자 정신적으로도 흔들리게 되어(흔히 말하는 "멘탈이 나갔다"는 표현에 맞는 충격) 결국 549원 부근에서 매수하여 470원 부근에서 손절하게 되었다. 약 15%를 손절하게 되었는데, 투자 첫날 적은 시드머니(Seed Money, 투자자금)로 거래를 하다가 점점 금액을 늘린 것이 화근

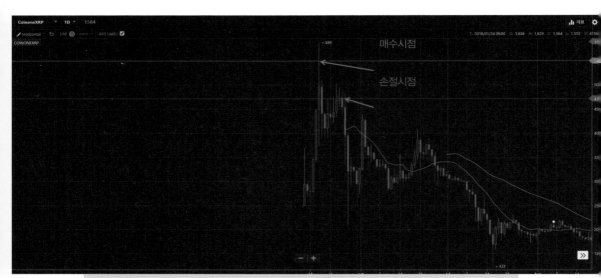

눈치게임에서 져버렸던 나의 2017년 5월 3주차 리플코인 매매차트

이었다. 결국 눈물의 손절을 하고 나는 공부하기로 결심했다.

이처럼 가상화폐 거래는 가격이 오를 때는 흔히 말하는 '행복회로'가 돌아

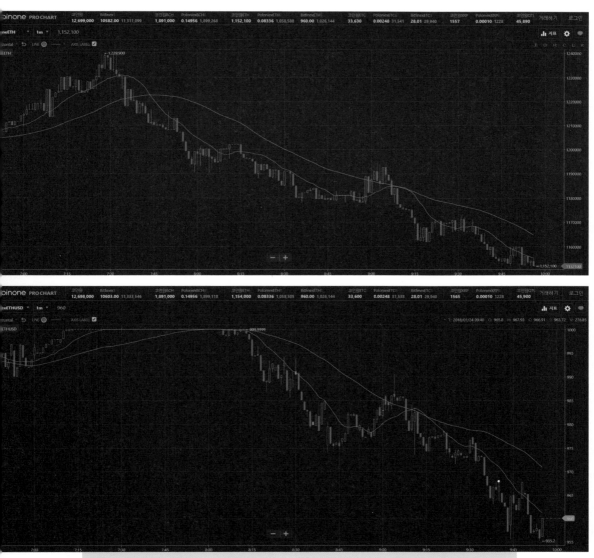

왼쪽은 한국(코인원)의 차트, 오른쪽은 해외(비트파이넥스) 차트이다. 모양이 비슷하지만, 때에 따라 등락의 폭의 차이를 조금씩 보인다.

가며 마치 복권에 당첨된 것과 같이 행복한 상상의 나래를 펼치게 된다. 하지만 반대로 가격이 떨어지게 되면 심리적으로 엄청난 불안감을 느끼며 밤에는 잠을 잘 못 자고, 밥도 입으로 넘기지 못하고, 본업에도 지장을 주게 된다.

정신적 내공과 투자마인드가 매매에서 굉장히 중요하다. 거래 시 정신적으로 흔들리면 차트의 매수·매도시그널을 지나치는 경우가 생긴다. 가격이 오를 때는 '환희' 때문에, 떨어질 때는 '공포' 때문에 매수시그널을 보지 못한다.

한국은 남녀노소 모두 가상화폐 거래를 많이 한다. 단타에 익숙한 이들이 특히 많아 외국 거래소 및 선물 거래소의 가격을 추종하며 가격이 오르다가도 빠르게 꺾이는 경우가 많다. 반대로 가격이 떨어지다가 반등할 때에는 굉장히 강하게 반등한다. 이것을 속칭 '운전한다'고 하는데, 이러한 가격을 조정하는 이를 '운전수'라고 한다.

이러한 높은 등락폭을 이용하여 과매도 구간에서는 매수하여 과매수 구간에서 매도하는 방법을 활용하면 상승장이 아니더라도 꾸준히 수익을 낼 수 있다. 이러한 수익을 내기 위해서는 차트를 활용할 필요가 있다. 차트를 활용하여 거래하면 이러한 높은 등락 속에서 어디에 사면 손해를 최소화할 지 어디에 팔면 이익이 극대화할 지 참고할 수 있다. 100% 맞지는 않을 수 있지만, 이른바 깜깜이 투자와 비교하면 높아진 수익률을 확인할 수 있을 것이다.

또한, 일정한 관점을 만들어 내서 나만의 매매타점을 찾을 수 있다. 차트매매는 개울가에서 어망을 치고 낚시를 하는 것, 과속카메라를 설치하고 단속하는 것과 비슷하다. 좋은 낚싯대와 고성능의 카메라를 준비하는 게 아니라 물고기를 잡는 일정한 타이밍, 과속하는 차를 골라내는 기준을 만들고 체화하는 것이다.

22

03 거래소 및 차트 분석 사이트 소개
스타일에 따라 수익을 극대화시킬 수 있는 사이트

거래소 선정 기준
- 투자 방법에 따른 거래소 선정
- 수수료, 취급 코인 종류, 보안, 거래량을 고려하자
- 먼저 좁은 정보를 깊게 파악하고 실력이 늘면 다양한 정보를 얕게 파악하자
- 초심자는 해외거래소부터 시작하기보다는 국내거래소 중 거래량이 많은 거래소에서 소액으로 먼저 매매에 익숙해지는 게 좋다
- 어느 정도 실력이 나온다면 그 이후에는 거래소는 크게 중요하지 않다

당신이 가상화폐 거래소를 선정하는 데 우선적으로 해야 할 것은 자신의 투자 주기와 투자 방법을 파악하는 것이다. 투자 주기는 매매를 하는 빈도에 따라서 구분할 수 있고 투자 방법은 차트 기반 트레이딩인지 또는 가치투자

인지에 따라서 달라진다.

장기투자자나 가치투자자는 수수료에 구애받지 않을 수 있기 때문에 좀 더 다양한 코인을 거래할 수 있는 거래소에서 거래하는 것이 좋다. 반대로 단기 투자자는 거래소 수수료에 영향을 많이 받기 때문에 수수료가 상대적으로 낮은 거래소에서 거래하는 것이 좋다.

거래금액이 큰 투자자는 거래량이 큰 거래소에서 거래해야 자신의 거래량에 맞는 매매가 가능하다. 국내 거래소에서 거래하지 못하는 신규 코인들을 눈여겨보는 투자자는 해외 거래소에서 투자하는 것이 좋다.

단기적으로 매매하는 경우에는 거래소가 너무 분산될 경우 하락에 대처하기 어렵다. 해외 거래소에서 알트코인을 구매하는 투자자의 경우 비트코인을 사서 보내야 하기 때문에, 비트코인이 상승하고 구매한 알트코인도 상승하면 상승률이 배가 된다. 하지만 비트코인 동반 하락장에서는 '비트코인 하락률×알트 코인 하락률'만큼 손해를 배로 입기 때문에 하락이 예상되는 시점에서 국내로 미리 전송하여 현금화하거나 테더코인화해야 한다. 테더코인은 달러와 같은 액면가를 가진 코인으로, 한국 거래소에서 코인을 매도하여 전액 원화한 것과 같은 효과가 있다. 가상화폐 차트 분석 사이트들은 각각 차별화된 장점이 있다. 한 사이트만 고집하기보다 가능하면 여러 사이트를 열어두는 것이 좋다. 해당 거래소의 차트만 이용하면 거래소 서버가 다운되었을 때 해외 시세를 확인할 수 없어 거래가 어렵다. 전문 차트 사이트를 활용하자. 시세 외에도 뉴스, 프리미엄, 미 증시 시장을 포괄적으로 파악하고 흐름을 알고 있어야 한다.

다른 트레이더의 관점 흡수 과정

우선, 내가 어느 정도 매매 실력이 올라오기 전까지는 스스로 기록하고 매매하며 일정한 매매가늠좌를 만들어야 한다. 이 과정에서 매매 전 생각한 차트 거동과 이후 거동이 안 맞거나 달랐던 점을 돌이켜본다. 특정 타임프레임을 놓칠 수 있고, 호재나 악재의 선반영 여부나 갑자기 뉴스화, 차트 분석상 문제가 없지만 다르게 움직이는 등의 변수가 생길 것이다. 이 과정을 리뷰해야한다. 리뷰와 일지를 가볍게 여기는 사람이 많은데, 학교공부뿐 아니라 게이머, 운동선수들, 아이돌도 일지와 리뷰를 쓰고 모니터링한다. 매매과정도 마찬가지다. 내가 매매를 실현하기 전의 판단과정을 하나하나 돌이켜봐야 한다. 국가대표 축구 A매치에서 리플레이를 보여주듯 말이다. 게임을 하는 분들은 리플레이를 보며 하나하나 분석해서 최적화를 하는 걸 본 적 있을 것이다. 내 돈이 걸린 일이니, 누구보다 내가 해야 한다.

어떤 사람은 공부를 조금만 해도 잘하고, 어떤 사람은 감각이 좋아서 조금만 해도 춤을 다 외우기도 하고, 어떤 사람은 하는 운동마다 잘한다. 내가 봐온 결과 타고난 사람은 매매에도 있었다. 하지만 그런 분들을 기준삼기보다는 노력의 범위에서 나에 맞게 성장한 분들을 목표로 삼아야 한다. 트레이딩 분야도 마찬가지다.

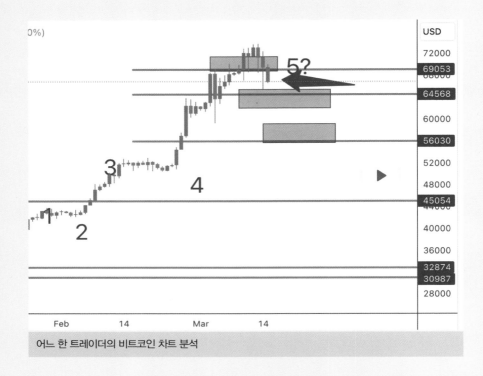

어느 한 트레이더의 비트코인 차트 분석

　차트 분석 사이트에서 사진처럼 자신만의 의견을 공유하는 것을 확인할 수 있다. 어떤 사이트는 사진 속 재생버튼이 있고 트레이더가 예측한 대로 움직이는지 확인해볼 수 있다. 현재 차트상으로는 가격이 내리고 있기 때문에 지지라인을 표현하고 있다. 같은 차트를 보더라도 서로 다른 관점을 보일수도 있고 상승, 하락 등 같은 방향성을 제시하지만 시점이 다를 수도 있는데, 나와 유사한 관점의 트레이더의 인사이트를 흡수하는 방법에 대해서 알아보자.

| 트레이더 리스팅 | 같은 종목 매매 시작 | 고민되는 부분 시간과 이유 기록 | 해당 트레이더와 관점 비교 | 놓친 부분 숙지하며 내 것으로 만들기 |

그럼 본론으로 들어가 인사이트 흡수과정을 보자면 차트분석 사이트나 커뮤니티에서 유명인, 탑오써 중 개괄적으로 차트 추정을 봤을 때 나와 유사한 관점인 인물을 리스트화한다. 너무 다른 관점의 트레이더는 혼란스러울 수 있다. 그다음 디테일을 조금씩 파고든다. 같이 내리는(숏) 관점이면 이유는 무엇인지, 내리는 정도는 어느 정도인지, 지지선은 어디까지 보는지, 이후 반등타점은 어디로 보는지(숏포지션 청산) 등 이 모든 게 나와는 어떻게 다른지 비교해야 한다. 그냥 보고 그치면 내 것이 되지 않는다. 이후 가격 흐름을 보면서 얼마나 일치하는지 다르게 올라갔다면 왜 그랬는지(거래량이 붙거나, 악재가 빨리 해소되거나, 하락 강도가 약하거나 등) 기록하고 숙지한다.

즉 차트 패턴을 보는 관점을 포지션(롱/숏)으로, 시간봉별로(타임), 기하학적 차이로(패턴) 크게 생각하고 바라보자. 관건은 꾸준하게 한 사람의 관점을 일정하게 비판적으로 사고하는 것이다.

상승의 관점이면 저항선은 어디까지 보는지, 상승 후 되돌림은 어디까지 파악하는지, 그렇다면 눌림목 이후 매수타점(아직 매수하지 못한 경우)은 어디인지, 손절점은 어디인지를 보고 내 생각과 비교하면 된다. 이 과정을 일정기간(짧으면 1-2주, 길면 1달 이상) 거치다보면 해당 작성자의 글에 그 사람의 관점이 보이고 해당 분석글을 누르기도 전에 나의 생각과 작성자의 생각 차이가 직관적으로 생각나고 보일 것이다. 그 정도 관점을 키운다면 다른 성향의 트레이더 글도 분석을 해본다. 공격적인 성향일 수도 있고 특정 지표위주로 세분화해서 분석하거나 선호하는 트레이더도 있다. 이때 나에게 참고할 만한 보조지표 수치나 혹시 놓칠 가능성을 체크해둔다. 이 과정을 지속할 때 실력이 계단식으로(선형으로 향상되지 않음) 향상된다.

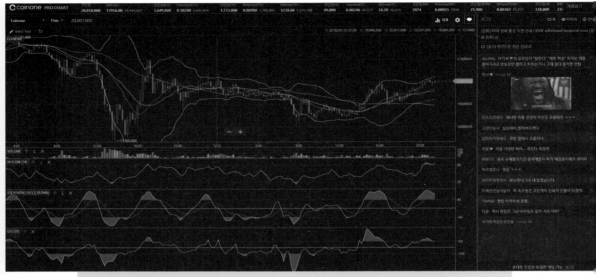

코인원 프로차트에는 환희와 절망이 교차한다.

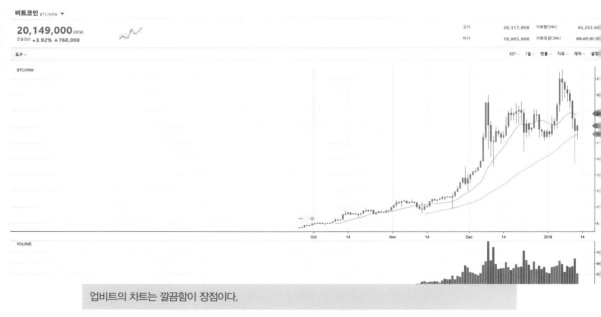

업비트의 차트는 깔끔함이 장점이다.

차트 기초

① 양봉이란 해당 거래 시간의 시점(시가)보다 거래가 끝나는 시점(종가)에 가격이 오른 경우를 나타낸다. 가상화폐시장에서는 초록색이 양봉이다

② 음봉이란 해당 거래 시점보다 거래가 끝나는 시점에 가격이 내린 경우를 나타낸다. 빨간색이 음봉을 나타낸다

③ 도지란 시가와 종가가 같은 봉으로 급등 혹은 급락할 때 추세 반전을 암시한다. 도지의 종류는 도지, 키다리형 도지, 비석형 도지, 잠자리형 도지 등이 있는데, 비석형 도지는 'ㅗ' 형태로 매도세가 강함을, 잠자리형 도지 'ㅜ'는 매수세가 강함을 나타낸다. 도지의 꼬리가 길수록 추세전환이 더 강하다

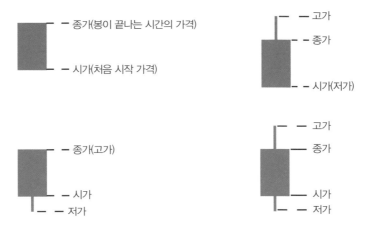

양봉의 종류: 시작가격보다 끝나는 가격이 오름

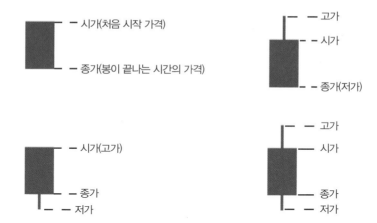

시가(처음 시작 가격)

종가(봉이 끝나는 시간의 가격)

고가

시가

종가(저가)

시가(고가)

종가

저가

고가

시가

종가

저가

음봉의 종류: 시작가격보다 끝나는 가격이 내림

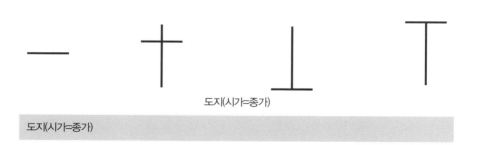

도지(시가=종가)

도지(시가=종가)

봉차트에서 중요한 것은 마감시간이다. 마감시간 전후로 가격을 흔들 수 있는데 대표적으로는 월봉 마감시간, 주봉 마감시간, 일봉의 마감시간(국내 아침 9시), 6시간봉 마감시간, 4시간봉 마감시간이 있다. 상승장일 때는 오전에 상승 후 오후 내내 조정을 거치다 4시간봉이나 6시간봉 생성 전후로 가격 변동이 커지기도 한다.

봉 마감을 망치형, 장악형으로 하는지에 따라 차트 개형이 달라지는 것은 물론이고, 뒤의 보조지표 개형이 상승지속 추세에서 데드크로스로 바뀌기도 하기 때문에 봉 마감시간은 눈여겨봐야 한다. 하락장이나 횡보장, 침체장의 경우에는 변동성이 작은 경우에는 시간봉의 의미는 줄어든다. 주식시장보다는 봉 개형만으로 매매하는 것은 굉장히 어렵다. 따라서 뒤의 패턴, 보조지표, 추세선 등을 종합적으로 판단할 수 있어야 한다.

일봉 마감(아침 9시) 시간의 시장 주도 코인은 순간 변동성이 크다.

지지선, 저항선

① 고점을 찍고 떨어지거나 저점을 찍고 반등했거나 가장 많이 머물렀던 지점을 지지선, 저항선으로 활용한다.

② 차트의 범위를 바꾸면 지지선과 저항선도 달라진다.

③ 단기거래 투자자일수록 차트의 범위를 짧게 잡고 지지선, 저항선을 설정한다.

④ 차트의 범위를 넓혔을 때의 지지선, 저항선은 더 강한 지지와 저항을 받는다.

⑤ 지지선은 저항선이 될 수 있고, 저항선은 지지선이 될 수도 있다.

⑥ 지지선, 저항선을 비롯해 여러 지표와 거래량이 동시에 확증을 줄수록 거래 성공 가능성이 높아진다.

⑦ 저항선을 상향 돌파 시 매수, 지지선을 하향 돌파 시 매도한다. 저항선은 현재 가격대보다 위에서 형성되고, 지지선은 현재 가격대보다 아래에서 형성된다.

⑧ 지지선, 저항선 설정 방법

오른쪽의 예시는 데이~스윙(3~7일) 거래를 기준으로 한다. 스캘핑(하루에 수십 번 이상 거래) 또는 중장기(1개월 이상) 기준의 경우 기간을 더 좁히거나 넓혀서 본다.

⑨ 1H, 1D 봉으로 가격대 확인하고 저항선과 지지선 만들기

어디까지 오르고 내릴지 먼저 보자. 시간봉과 일봉으로 보는 이유는 저항선, 지지선을 그리고 거래목표치를 정하기 위해서다. 상승장의 경우 전고점을 확인할 수 있을 때까지 차트를 점점 넓힌다. 1H봉으로 전고점 확인이 불가능할 경우, 즉 현재 가격이 최고점일 경우 2H, 4H로 범위를 넓혀 전고점을 확인한다.

가격대가 특정 가격에 도달하고 내려온 가격을 저항선, 특정 가격을 찍고 올라온 가격을 지지선으로 잡는다. 이렇게 하는 이유는 투자자들이 차트를 활용해 지지선을 보고 거래하는 심리적인 측면과 차트가 일정주기로 반복되는 특징 때문이다.

전고점을 확인한 다음 수평선(Horizontal)을 클릭하여 전고점, 전저점, 가격이 많이 거쳐간 점을 클릭하여 수평선을 그린다.

지지선과 저항선에서 너무 많이 그리거나 너무 조금 그릴 때 가격을 참고하기 어렵게 된다. 단기 트레이더의 경우에는 일봉이나 주봉으로 차트를 볼 때 지지선이나 저항선이 많이 보일 수 있다. 선을 많이 긋는 것보다 중요한 것은 내가 '숙지'하고 있는 것이다. 오를 때 다음 가격이 어디가 저항선인지 내릴 때 다음 가격이 어디가 지지선인지 숙지해야 한다.

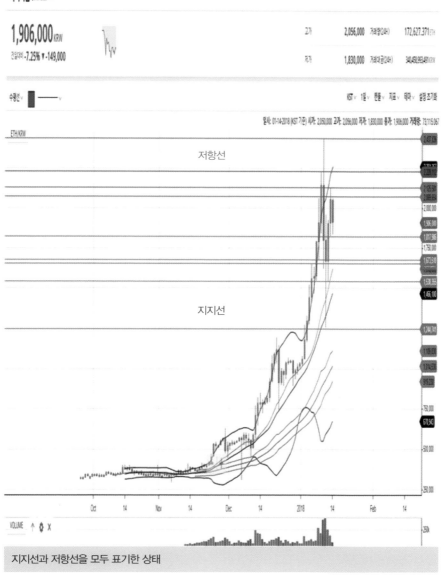

지지선과 저항선을 모두 표기한 상태

지지선, 저항선 예시

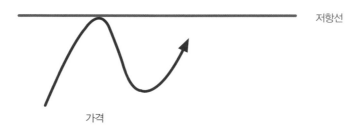

저항선

가격

저항선 예시: 가격보다 위에 있는 가장 가까운 선부터 순차적으로 저항선이 된다. 고점을 찍고 내려온 점이 저항선이 되었다.

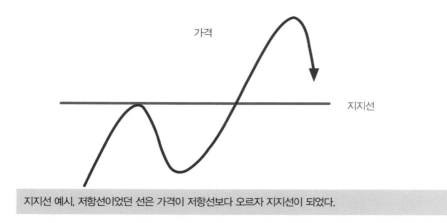

가격

지지선

지지선 예시. 저항선이었던 선은 가격이 저항선보다 오르자 지지선이 되었다.

지지선과 저항선은 과거에 많이 거쳐간 가격일수록 강한 지지와 저항을 받는다. 강한 지지와 저항을 받으면 해당 구간을 상승하거나 하락 시 '한 번에 돌파하기 어렵다'는 뜻이다. 지지선과 저항선은 5천만원, 8천만원처럼 상징적인 가격에 형성되기도 하고, 해외거래소 기준으로 1만달러, 2만달러 등 상징적인 가격이 강한 지지선과 저항선이 되기도 한다.

상승 시(한국 프리미엄 없다고 가정, 해외거래소가 주도하는 장)

1만달러가 원화로 1315만원이라 가정하면, A가상화폐가 원화 저항선은 1400만원에 과거에 형성되었고 달러저항선은 1만달러라면, 원화 저항에 걸리기 전에 달러저항에 먼저 걸려서 해외 거래소 가격이 먼저 꺾이는 경우도 생긴다. 이때 한국 트레이더들의 눈치싸움에 의해 기존 저항인 1400만원도 전에 가격이 꺾이기도 한다. 여기서 가격을 국내거래소가 주도하는 경우에는 국내가격이 선행하며 간발의 차(보통 1~2초 이내다)로 해외가 후행하기도 한다. 내리는 경우의 지지선도 마찬가지이다.

지지선과 저항선은 여러 번 과거에 지속되면 강한 지지와 저항을 받아 한 번에 지지선을 뚫고 내리거나 저항선을 뚫고 오르기 어렵지만, 단기간 관점(몇 시간에서 며칠 이내)에서 여러 번 지지선과 저항선을 오가면 반대로 지지선이 아래로 뚫리거나 저항선을 위로 뚫고 더 오른다.

가격의 선행과 후행에 너무 큰 의미를 둘 필요는 없다. 대신 한국 프리미엄이 강하게 형성될 때는 저항선을 더 뚫고 오를 수 있다는 점과 역 프리미엄일 때는 지지선을 살짝 더 뚫고 내렸다 반등할 수도 있다는 점을 기억해야 한다.

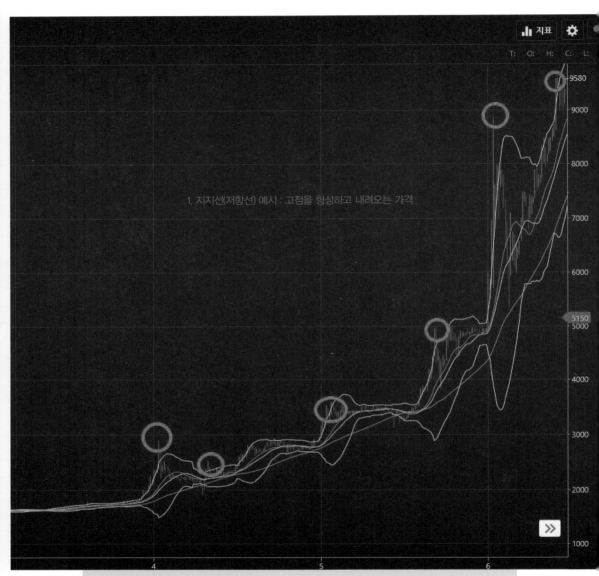

지지선(저항선) 예시: 고점을 형성한 가격

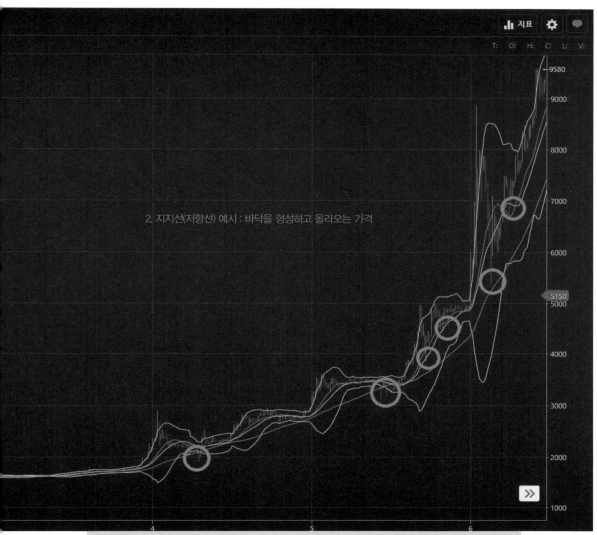

2. 지지선(저항선) 예시 : 바닥을 형성하고 올라오는 가격

지지선(저항선)예시: 바닥을 형성한 가격

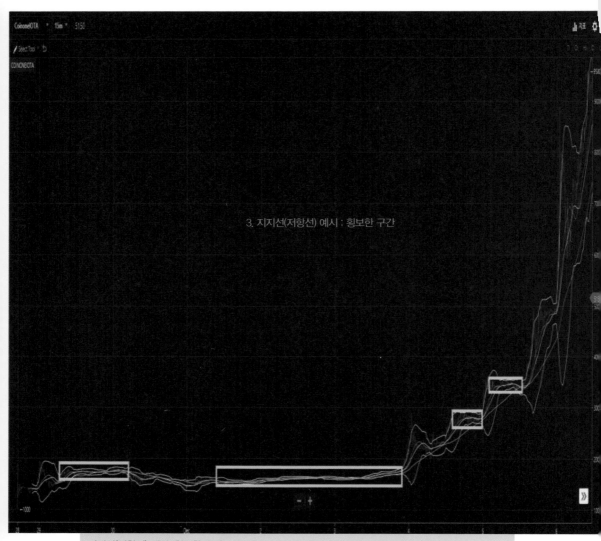

3. 지지선(저항선) 예시 : 횡보한 구간

지지선(저항선) 예시: 횡보한 구간

지지선과 저항선의 예시를 알아보았다. 지지선과 저항선은 투자자마다 기준이 다를 수 있기 때문에 참고용으로 판단하면 좋다. 횡보한 구간에서 가격이 지지되거나 저항에 부딪힐 수 있음을 항상 거래할 때 염두에 두어야 한다.

상승추세선, 하락추세선

① 상승장에서 차트의 저점과 저점을 이은 선을 상승추세선이라 한다.

② 하락장에서 차트의 고점과 고점을 이은 선을 하락추세선이라 한다.

③ 차트의 범위를 바꾸면 상승추세선과 하락추세선이 달라진다.

④ 따라서 거래의 주기가 짧을수록 1~15분봉과 같이 범위가 좁은 차트에서 추세선을 설정한다.

⑤ 하락장에서 하락추세선을 상향 돌파 시 매수하고, 상승장에서 상승추세선을 하향 돌파시 매도한다.

상승추세선 설정예시

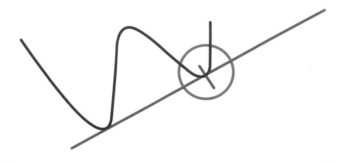

두 번째 바닥을 찍을 때 상승추세선 설정

작은 추세선 이탈은 페이크일 수 있다.

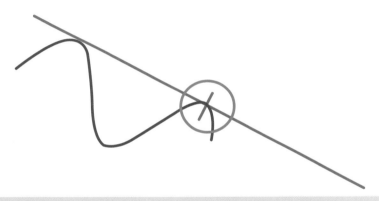

두 번째 고점을 찍을 때 하락추세선 설정

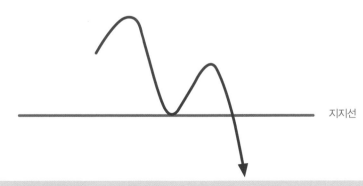

지지선

지지선 하향이탈 시 매도

상승추세선

상승추세선 하향이탈 시 매도

저항선 상향이탈 시 매수

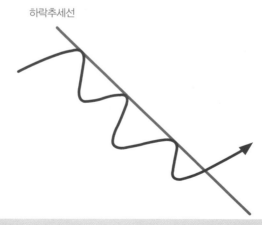

하락추세선

하락추세선 상향이탈 시 매수

상승추세선의 설정은 두 번째 바닥을 찍고 오르는 순간 그린다. 상승추세선을 그리며 오를 때 상승추세선을 하향 돌파 할 경우 매도하는 것이 원칙이다. 다만 작게 이탈할 경우 페이크일 수 있으니, 추세선이 강하게 이탈할 경우 매도한다. 추세선 이탈 매매보다는 뒤에서 언급하는 보조지표 매도시그널을 확인 후 매도하는 것이 더 좋다. 지지선 하향 돌파 시 매도하는 것과, 저항선 상향 돌파 시 매수하는 것은 'F=ma(가속도의 법칙)' 같은 기본공식이므로 꼭 기억하도록 하자.

상승이나 하락 시 거래량이 붙어 더 가속도가 붙을 수 있다. 기존 추세와 너무 멀어졌다고 판단이 들면 추가로 추세선을 그려준다(빨간선).

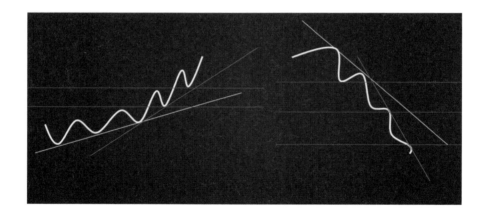

지지선과 저항선을 이용한 매매타이밍

	매수타이밍	매도타이밍
지지선	지지선에서 반등 시	하향 돌파 시
저항선	상향 돌파 시	저항선에서 하락 시

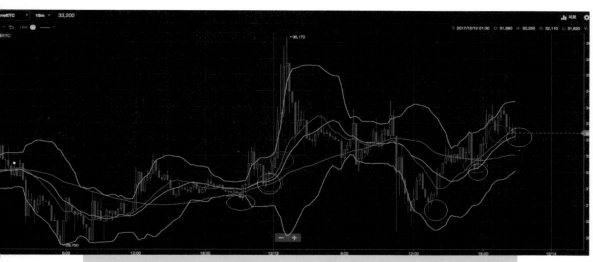

상승추세선 설정. 가격은 일시적으로 오르지 않고 꺾여서 올라가기 때문에 꺾이고 내려오는 바닥을 이 어서 상승추세선을 설정한다.

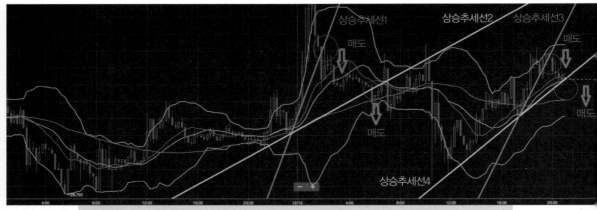

상승추세선 설정2. 완성된 상승추세선, 여기서 매도 시점은 가장 가파른 상승추세선(보라선) 이탈 시 매도한다.

하락추세선 설정

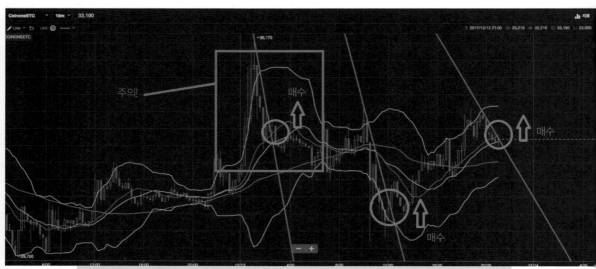

하락추세선. 하락추세선(빨간선)은 하락 시 고점과 고점을 이어서 연결한다. 정석은 하락추세선을 위로 돌파 시 매수시점이다. 다만 단순히 하락추세선 돌파로만 매수를 할 경우 매매에 실패할 수도 있다. 가장 왼쪽의 하락추세선은 돌파하였지만 가격이 하락함을 확인할 수 있다. 따라서 이후 나오는 보조지표, 지지선, 저항선과 함께 차트를 보는 것이 좋다.

횡보 시 추세선(지지선, 저항선) 설정

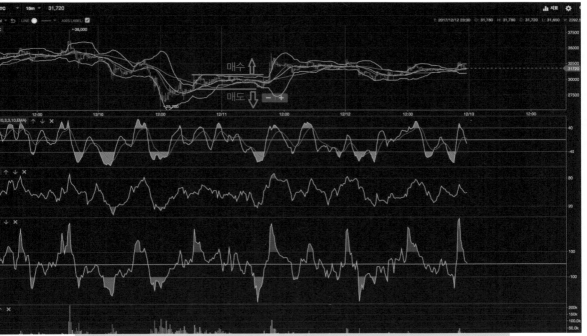

지지선 횡보 시 차트의 범위를 넓혀 지지선, 저항선을 설정한 후 저항선 돌파 시 매수, 지지선 돌파 시 매도한다.

추세선의 기울기에 너무 얽매이지 말자. 지지선, 추세선을 정하는 것에는 정답이 없다. 다만 '마지노선'으로 판단해서 '추세선마저 이탈했으니 안정적으로 매매해야겠다'라는 마음가짐으로 거래에 임하자. 지지선, 저항선, 추세선을 참고하고 보조지표를 활용하며 거래하는 것이 거래승률을 올리는 가장 좋은 차트 매매 방법이다.

Q. 지지선을 최대한 많이 표시해보자.

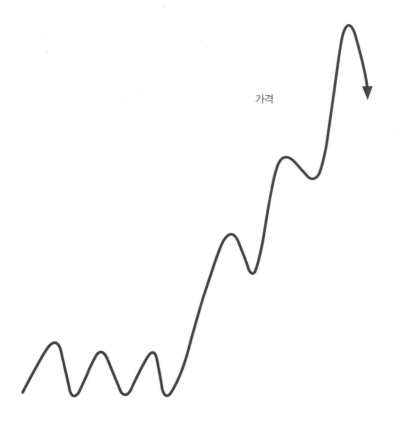

가격

해설

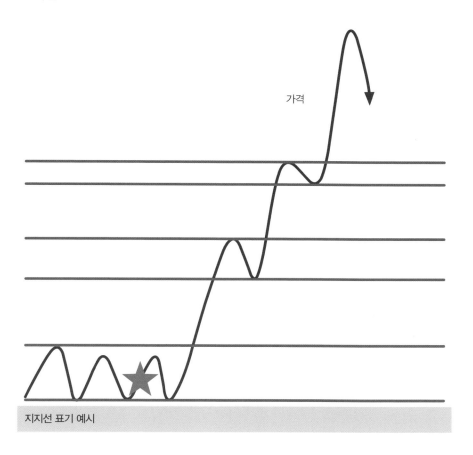

가격

지지선 표기 예시

    고점, 바닥을 형성한 점들과 횡보한 구간을 지지선으로 설정했다. 여기서 초록별 구간은 횡보를 하며 약간 수렴하고 있다. 이때 자세한 지지선의 가격에 신경 쓰기보다는 횡보한 가격대에서 반등이 올 수 있음을 염두에 두면 좋다.

Q. 다음은 업비트의 비트코인 일봉 차트이다. 현재 가격을 기준으로 지지선
을 설정해보자.

업비트 비트코인 일봉 차트

해설

지지선 예시

지지선 설정은 천장을 형성한 점, 바닥을 형성한 점을 기준으로 작성했다. 특히 그림에서 초록화살표 구간은 바닥이 여러 번 형성되었기 때문에 초록화살표 구간은 지지선이 될 수 있다. 트레이더마다 약간의 오차는 있다. 정확한 매매는 보조지표와 함께 확인하기 때문에 특정가격에 집착하지 말자. 지지선 또는 저항선은 현재 가격의 가장 가까운 가격부터 설정하면 된다.

지지선을 너무 많이 그리는 것, 너무 조금 그리는 것에 대해 고민인 트레이더가 많다. 둘 다 매매에 참고하기 어려움이 생길 수 있다. 지지선을 너무 조금 그려서 매매를 하고 나서 볼 때, 지지선을 못 봐서 살 타이밍을 놓쳤다면 그때는 지지선을 더 촘촘히 그려야 한다. 반대로 지지선이 어딘지 헷갈렸다면 현재 가격의 가까운 지지선은 머리로 숙지를 하고 있어야 한다. 숙지가 어렵다면 지지선 간격을 넓혀 나가며 내 그릇에 맞는 지지선, 저항선 범위를 조정해야 한다. 중요한 점은 일률적으로 생각하지 않는다는 점이다. 지지선, 저항선, 추세선은 사격에 있어서 영점 조정과 같다. 즉, 내 기준이 중요한 것이지 타인이 다른 지지선이나 저항선을 그렸다고 위축되거나 헷갈릴 필요가 없고, 매매 이후 너무 안 맞는다면 수정하며 접근해야 한다.

실전예제 ❸

Q. 저항선을 최대한 많이 표시해보자.

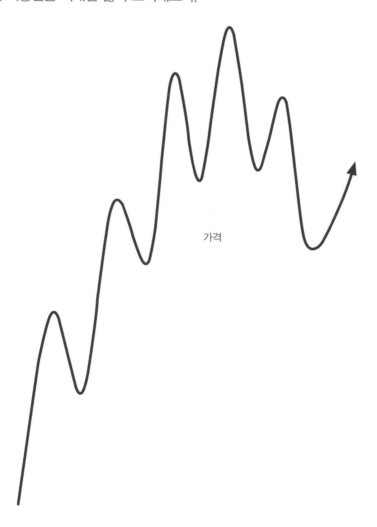

가격

해설

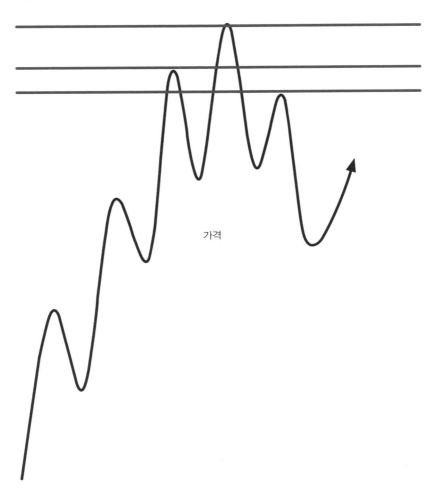

가격

저항선은 매도 목표가격이 되기도 한다. 그림에서는 현재 가격보다 위의
가격 중 천장을 형성한 3지점이 저항선이 된다.

Q. 다음은 업비트 비트코인 일봉이다. 현재 가격을 기준으로 저항선을 표시

해보자.

업비트 비트코인 일봉

해설

저항선 예시

천장을 형성한 가격대에 저항선을 표기했다. 저항선은 곧 매도지점이기도 하다. 또한 자주 거래를 할 수 없는 투자자는 저항선 또는 지지선을 간결하게 설정하여 매도목표가를 저항선 전후로 설정한다.

이 책을 쓰는 시점은 전고점이 형성되어 있어서 명확한 저항선이 정해져 있다. 근데 만약 비트코인이나 다른 코인이 신고점을 넘어서 더 이상 참고할 가격이 없다면 어떻게 해야 할까. 이를 2017년 경험했었다. 결론적으로 말하자면 지지선과 저항선은 과거의 기준을 바탕하기 때문에 의미가 떨어진다. 대신 가격 자체의 과열의 정도(당시 프리미엄이 30~50%에 달했다), 심리적인 가격(딱 떨어지면서 커뮤니티에 많이 언급되는 가격), 대중관심도(과열도), 시장 상황(규제에 대한 이야기가 과거에도 있었지만 대대적으로 처음 공론화된 시점) 등을 종합적으로 판단해야 한다.

04

기본 차트패턴
패턴을 몰라도 수익을 내는 비결

- 가장 많이 쓰이는 패턴은 머리어깨형, W형, M형
- 저항선 돌파 시 매수, 지지선 깨지면 매도는 기본 원칙
- 패턴은 타임프레임마다 다르게 보일 수 있다
- 모두가 아는 패턴은 우리가 아는 움직임과 다르게 가격을 형성하기도 한다
- 패턴에 얽매이지 않으려면 패턴 외에도 여러 요소가 가격 형성에 관여함을 생각하며 다른 가능성을 열어둬야 한다
- 여러 커뮤니티에서 주목할 정도로 특정한 가격패턴이 형성되면 헤드페이크로 초반에 다른 움직임을 주고 가격이 움직일 수도 있다

패턴에 얽매이지 말자

가상화폐의 차트 패턴은 주식차트의 패턴을 참고로 하는 부분이 많다. 하

지만 암호화폐는 24시간 거래되고, 차트의 주기가 짧다는 특성이 있다. 그 때문에 어떤 이론들은 차트 분석가들마다 의견이 달라지기도 한다. 지나고 나면 누구나 차트 패턴을 똑같이 해석하지만 차트가 진행 중일 때는 차트 패턴을 다르게 해석하는 경우가 많다. 패턴에만 의존하여 매매를 할 경우 패턴이 이탈되거나 여러 패턴이 합쳐지는 경우 해석이 힘들어질 수 있다. 따라서 특정 차트 패턴에 얽매이기보다는, 차트 패턴이 가지는 기본 공식을 염두에 두고 추가적으로 보조지표를 활용하면 수익을 극대화할 수 있다.

차트매매는 차트만 100% 보기보다는 매매의 여러 요소 중 차트분석이 주로 지배하는 매매 방법이라고 생각하자. 매매를 구성하는 큰 틀에서 차트 분석, 정보, 감, 운 등 여러 요소가 있다. 예를 들어 상승장에 시작하면 초심자의 행운도 얻을 수 있고, 거의 없긴 하지만 상승장에 수익실현을 하고 쉰다면 차트분석이나 정보가 개입하는 비중이 매우 적을 것이다(내 주변에도 이런 분들이 있었다). 반면 정보를 알고도 잃는 사람들도 있었다. 결론은 이 매매와 투자에 대한 방정식의 해는 하나가 아니라는 점이다. 따라서 열린 마음으로 내가 할 수 있는 영역, 내가 제어할 수 있는 영역을 위주로 풀어가야 기댓값이 높아진다.

공식은 하나다

차트 패턴들은 종류가 다양하지만, 매매 원리의 기초는 아래와 같다. ① 지지선 또는 상승추세선을 하향 돌파 시 매도한다. ② 저항선 또는 하락추세선을 상향 돌파 시 매수한다. 이 두 가지 원칙에 의해 매매를 해야 하며, 챠트에는 가격의 흐름에 따라 차트 패턴의 유형이 나타나 있다.

지지선과 저항선의 공식을 활용함과 동시에 추가적으로 이 책의 여러 보조지표를 활용한 매매와 실전 매매 방법을 같이 활용한다면 수익을 극대화할 수 있을 것이다. 여러 유형이 복합적으로 나타나는 경우에 헷갈려하는 투자자들이 많다. 이 때에는 가장 가까운 시간대의 가격흐름이 조금 더 우세하다고 볼 수 있다.

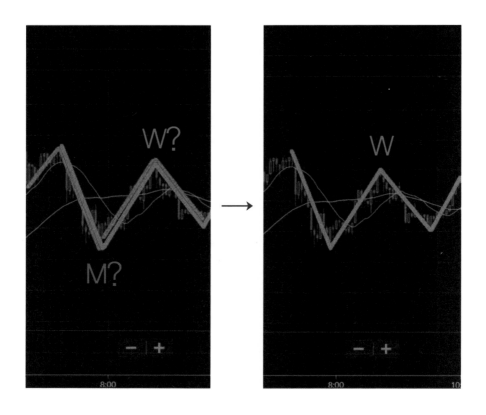

다양한 형태의 W형 패턴

 아래 그림의 오른쪽 화면에서 빨간 선은 M형 같아 보이고, 초록 선은 W형 같아 보인다. 이때는 가장 가까운 가격의 패턴인 W형으로 확인한다. 바닥을 두 번 터치하고 오르는 W형의 차트 모양이라는 것을 확인할 수 있다.

 W형

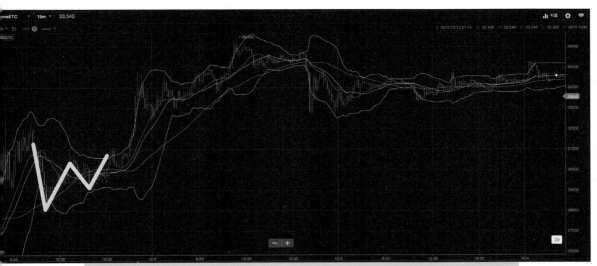

하락추세선의 기울기가 완만해지며 W형을 나타내는 하락장 대표상승전환 패턴

W형은 '쌍바닥형'이라고도 하는 대표적인 상승전환 패턴이다. W의 바닥은 왼쪽 혹은 오른쪽 지점에서 형성되는데, 왼쪽 바닥의 저점이 더 높은 W형이 상승전환 확률이 높다.

아래 그림에서 하얀 선은 하락추세선이고, 노란 선은 W형 패턴을 나타낸다. 직전 전저점 12,250원에서 반등했다가 다시 12,250원을 지지하며 올라가는 형상을 보여주었는데, 이 때 매수타이밍은 전저점을 지지하는 순간이다.

M형

M형은 대표적인 하락전환 패턴으로 전고점을 뚫지 못하고 하락하는 패턴이다. 왼쪽 가격이 좀 더 높은 M형은 대표적인 전고점 돌파 실패로 하락하는 패턴이다. 오른쪽 가격이 좀 더 높은 M형의 경우 전고점을 돌파하여 매수하였으나 큰 하락으로 손실을 입을 수 있다. 이때는 보조지표와 거래량 그리고 시장상황을 확인하며 거래해야 한다.

대표적인 M형 패턴

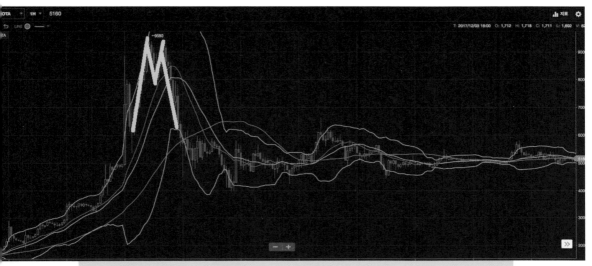

아이오타코인의 M형 패턴. 전고점을 돌파 못하고 M형 하락을 보여줌

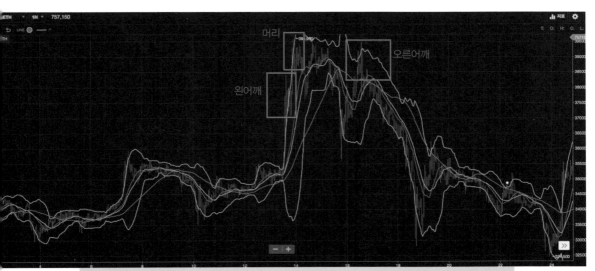

이더리움의 머리어깨형 그래프. 머리어깨형에 집착하기 보다는 과매수 이후 전고점을 돌파 못할 경우에
가격이 내릴 수 있음을 염두에 두자.

역머리어깨형(삼중바닥형)

머리어깨형 차트를 거꾸로 돌려놓은 차트이다. 머리어깨형과 반대로 하락 초입부에서 장대음봉과 볼린저밴드 지표를 뚫는 과매도(왼쪽어깨)였다가 저점(머리)을 형성한다. 이후 전저점에 재도전했으나 실패 후 가격이 상승하며 반전하는 패턴이다. 머리에서 꼭 전저점이 형성되는지 판단하기보다는 머리어깨형과 반대로 전저점보다 아래로 안 내려가고 지켜지는지 확인한다.

비트코인의 역머리어깨형 그래프

웻지(WEDGE) 패턴

웻지 패턴은 상승추세, 하락추세에서 나타난다. 상승추세의 웻지는 아래

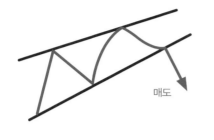
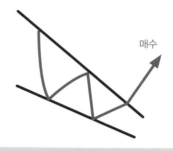

쪽 상승추세선이 위쪽 상승추세선보다 기울기가 가파른 웻지로 저가가 고가
보다 빨리 올라서 상승추세선을 깨고 하락 시 매도시그널이 된다. 반대로 하
락추세의 웻지는 위의 하락추세선이 아래의 하락추세선보다 기울기가 가파
른 경우로 고가가 저가보다 더 빨리 오르는 것을 뜻한다. 위의 하락추세선을
돌파하는 순간이 매수시그널이 된다.

컵 앤 핸들(Cup and Handle)

컵앤핸들 패턴은 진입 패턴으로 확인이 가능하다. 가장 알아보기 쉽지만,
사이클이 빠른 코인판에서는 자주 보기 힘든 패턴이다. 컵은 U 모양이며 이
전 가격의 1/3을 되돌림하여 그릇을 나타내고, 컵이 만들어지면 다시 1/3을
되돌림하여 핸들을 만든다. 핸들은 박스권을 나타내는데 이때 박스권을 돌파
하며 상승할 때 좋은 매수타이밍이 된다.

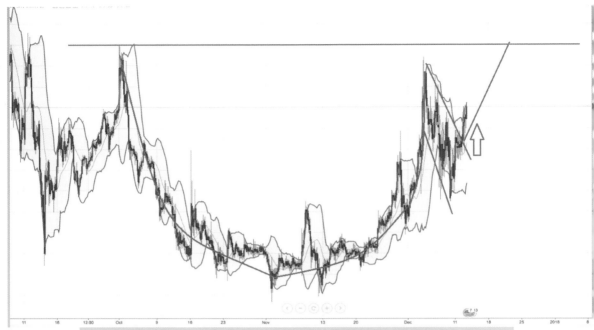

원래 가격에서 1/3 되돌림된 상태를 보여준다. 저항선 돌파 시 강한 상승을 기대할 수 있다.

플래그(Flag) 패턴

추세의 지속 여부를 판단할 때 플래그 패턴을 활용할 수 있다. 웻지와 달리 플래그는 같은 기울기(가격 변동폭이 일정)로 진행되는 것이 차이점이다. 상승 플래그에서 지지선을 돌파할 때 매도, 하락 플래그에서 저항선을 돌파할 때 매수한다.

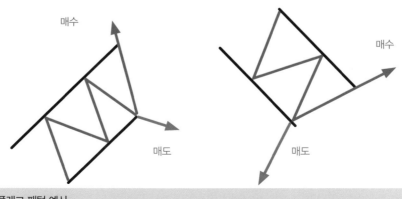

플래그 패턴 예시

BCHUSD, 60, KRAKEN O 444.5 H 445.6 L 443.1 C 445.6
(20) 11 129
moku (24, 60, 120, 60) 445.0500 459.3500 445.6000 450.4750 433.5500

상향추세선

플래그패턴

플래그 패턴 예시. 저항선 돌파 시 매수

페넌트(Pennant)

상승 또는 하락의 큰 변동 이후 가격이 점차 수렴하는 형태로 역시 저항선
을 뚫고 오르면(아래 그림의 빨간 화살표) 매수시그널을 나타낸다. 주로 상승장
에서 상승삼각형을 나타내기 때문에 진입시기 패턴으로 볼 수 있다. 이는 트
라이앵글패턴과의 차이점이다.

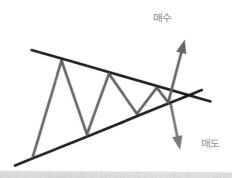

매수

매도

저항선을 돌파할 때 매수, 지지선을 돌파할 때 매도

chapter 01 차트매매 기초 **67**

Ethereum Classic / Tether USD, 240, POLONIEX O 14.37000000 H 15.32654927 L 14.27185760 C 15.29889997
MA (50, close) 10.7784
MA (100, close) 10.6944
BB (20, close, 2) 11.0586 12.8956 9.2216

페넌트 삼각형

페넌트 패턴. 저항선 돌파 시 강한 상승을 보여준다.

트라이앵글(Triangle)

트라이앵글 패턴은 대칭, 하락, 상승 3가지 패턴으로 나뉜다. 가격이 점점 수렴하며 상방 또는 하방으로 자리 잡는데, 저항선을 돌파할 때 매수시그널이, 지지선을 돌파할 때 매도시그널이 된다. 페넌트 패턴과의 차이는 수렴 후 오르거나 내리는 케이스가 나뉘는 점이다. 어떤 패턴인지 집착하기보다는 지지선, 저항선을 그려서 수렴이 끝날 때 가격이 지지선(저항선)을 뚫고 어느 방향으로 향하는지 확인하고 매수(매도)한다.

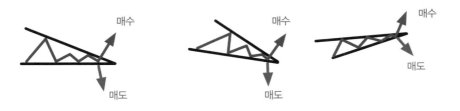

대칭, 하락, 상승의 트라이앵글 패턴

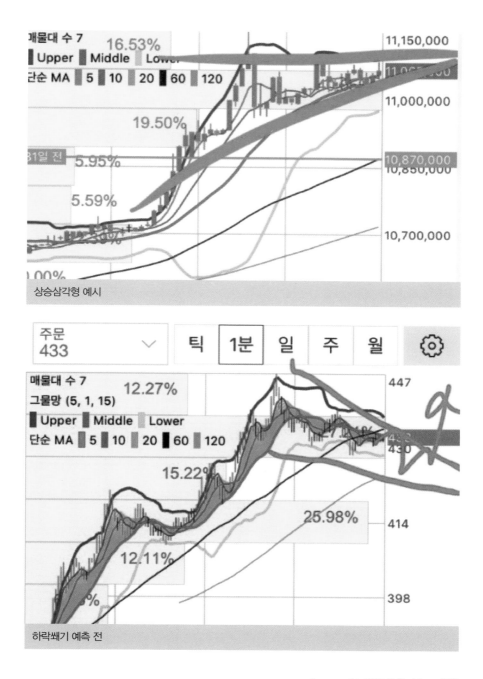

상승삼각형 예시

하락쐐기 예측 전

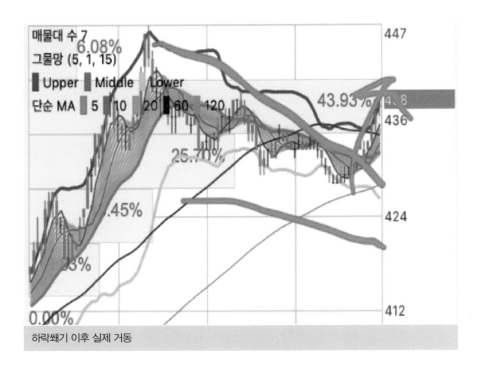

매물대 수 7
6.08%
그물망 (5, 1, 15)
■ Upper ■ Middle ■ Lower
단순 MA ■ 5 ■ 10 ■ 20 ■ 60 ■ 120
43.93%
25.70%
.45%
3%
0.00%

447
436
424
412

하락쐐기 이후 실제 거동

위 사진에는 패턴의 예측만 다뤘지만 보조지표들의 다이버전스도 함께 일어난다면 하락추세의 반등 확률이나 반등 강도가 더 강할 수 있다.

반대로 과열 후 상승쐐기가 발생 시 계단식 하락의 징조가 될 수 있다는 점을 염두해야 한다.

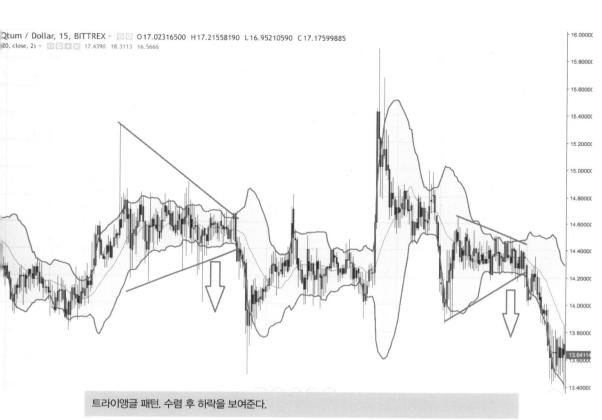

Qtum / Dollar, 15, BITTREX ▾ ☐◎☐ O17.02316500 H17.21558190 L16.95210590 C17.17599885
20, close, 2) ▾ ◎☐�ㅤ☐+☒ 17.4390 18.3113 16.5666

트라이앵글 패턴. 수렴 후 하락을 보여준다.

네모(Rectangle)

사각형 패턴은 박스권(횡보) 형태로 비교적 구분하기 용이하다. 저항선을 돌파할 때 매수, 지지선을 돌파할 때 매도한다.

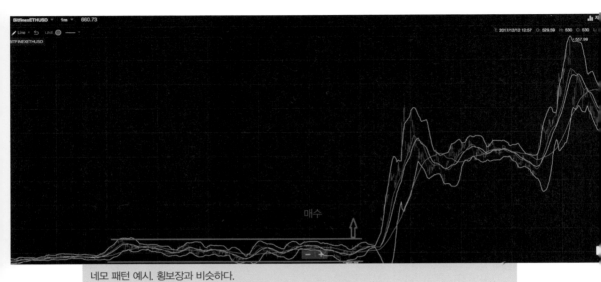

네모 패턴 예시. 횡보장과 비슷하다.

엘리엇 파동이론

주식에서 가장 대표적인 이론인 '엘리엇 파동이론'은 가격이 상승 5파와 하락 3파로 흐름이 이어진다. 세계적인 투자회사 골드만삭스는 비트코인의 가격예측 리포트를 엘리엇 파동이론을 활용하여 발표하기도 했다. 엘리엇 파동은 다음과 같은 규칙을 지켜야 한다.

① 2번 파동의 끝점이 1번 파동의 시작점 이하로 내려가지 않는다.

② 3번 파동의 상승이 가장 크다.

③ 4번 파동의 끝점이 1번 파동의 끝점과 겹칠 수 없다.

④ 어느 한 파동이 연장되면 다른 파동들은 연장되지 않는다.

⑤ 2번, 4번 파동은 반복되지 않고 연장되지도 않는다.

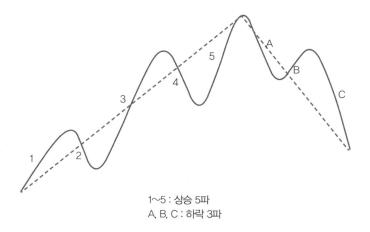

1~5 : 상승 5파
A, B, C : 하락 3파

엘리엇 파동의 예

 엘리엇 파동은 파동이 다 그려지면 알기 쉽지만 파동이 진행 중에 있을 때는 차트 분석가들도 의견의 차이를 보이는 경우가 많다. 주식에서도 중·장기 추세 파악에 용이한 이론인데, 차트가 반복되는 사이클이 주식보다 훨씬 빨라서 거래시점을 잡기 어려울 수 있다. 또한 가상화폐시장이 계속 커지고 있는 상황에서 많은 코인들의 가격이 우상향을 보이고 있어 엘리엇 파동을 적용하는 데 어려운 경우가 많다. 따라서 엘리엇 파동에 의존할 경우 '코인판에서 차트가 안 맞는다'라는 말이 딱 들어맞을 것이다.

피보나치 되돌림

 피보나치 되돌림은 엘리엇 파동과 함께 주식에서 유명한 개념 중 하나로,

피보나치 되돌림은 가격이 상승 또는 하락 시 피보나치 수열의 비율로 조정을 예측하는 것을 말한다. 골드만삭스의 비트코인 가격 예측 역시 피보나치를 활용하는 것으로 유명하다. 상승(하락) 직후 가격이 원래 고점(저점)의 23.6%, 38.2%, 61.8%로 되돌아오는 개념이다. 이는 상승장(하락장)에서 조정 시 매수(매도) 타이밍을 잡는 데 활용할 수 있다.

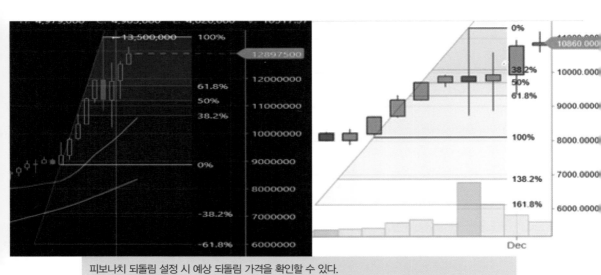

피보나치 되돌림 설정 시 예상 되돌림 가격을 확인할 수 있다.

피보나치 되돌림은 직전 최고점(저항선)과 직전 최저점(지지선)을 기준으로 설정하되, 매매 빈도에 따라서 타임프레임을 바꿔가며 확인해야 한다. 이때 피보나치 되돌림 구간과 기존에 기억하고 있는 지지나 저항 가격대가 비슷하다면 조금 더 강한 지지선이나 저항선이 될 수 있음을 염두한다.

05 활용 지표

코인판에서 잘 맞는 지표를 쓰자

많은 사람이 어떤 보조지표를 써야 하는지 묻는다. 개인이 활용 가능한 지표를 찾는 게 훨씬 중요하다고 말씀드리고 싶다. 서울에서 부산까지 가야하는데 F22전투기가 당신에게 주어져도 조종을 할 줄 모르면 아무 의미가 없다. 대신 오래되고 낡은 자동차라도 당신이 활용할 수 있으면 목적지에 도달하는 데 문제가 없다. 그 과정에서 조종 기술을 익히면 되는 것이다.

보조지표는 과거의 가격을 기반해서 현재 과매수(매수의견, 상승에 대한 투자심리가 과함)인지 과매도인지 수치로 보여주는 지표이다. 일목균형표를 제외하면 대부분 과거 내용을 기반으로 현재 상황을 보여주는 것으로 과매수라고해서 무조건 상승과열로 인한 하락이 이뤄지는 게 아니고, 과매도라고해서 무조건 하락과열로 인해 반등이 이뤄지는 게 아니라는 점을 기억하자.

① 거래량: 모든 지표는 거래량이 증가할 때 좀 더 확증을 준다.

거래량∝지표확증

② STCH MTM Index(스토캐스틱 모멘텀): 주어진 기간 중 움직인 가격 범위에서 오늘의 시장가격이 상대적으로 어디에 위치하고 있는지를 알려주는 지표

$$\%K = \frac{(\text{현재가} - \text{X기간 중 최저가})}{(\text{X기간 중 최고가} - \text{X기간 중 최저가})} \times 100$$

%K = X기간 중 움직인 가격범위 내에 현재 가격의 위치를 백분율로 표기

• %D = %K를 Y일로 이동평균(%K선의 이동평균선)

• 기본값

%K기간, %D기간: 10일, 과매수 수치 : 40 이상, 과매도 수치 : −40 이하

STCH MTM (10,3,3,10,EMA) ↑ ×

빨간 원: 데드크로스, 초록원: 골든크로스

- 골든크로스(빨간 선(%D선 : 장기이동 평균선)이 하얀 선(%K선 : 단기
  이동평균선)보다 아래), 데드크로스(빨간 선이 하얀 선보다 위)
- 매수: 골든크로스, 과매도 구간에서 기울기 변화, 다이버전스
- 매도: 데드크로스, 과매수 구간에서 기울기 변화, 다이버전스

③ Commodity Channel Index(CCI): 특정일 평균가격이 이동평균가격과
얼마나 떨어져 있는지를 나타내는 지표로 변동성이 강하여 중·장기 추
세매매보다 단기매매시점 포착에 유리

- $CCI = \dfrac{M-m}{\%D \times 0.015}$ (M=평균가격, m=이동평균가격, D=표준편차)

- 기본값

  %기간: 20일 기준, 과매수 수치: 100 이상, 과매도 수치: −100 이하
- 매수: 과매도 구간에서 기울기 변화, 다이버전스
- 매도: 과매수 구간에서 기울기 변화, 다이버전스

CCI지표 예시

④ Money Flow Index(MFI): 자금이 얼마나 유출되고 유입되는지 힘의 강도를 측정하는 모멘텀 지표로 RSI지표는 가격만으로 강도를 측정하는 데 비해 MFI는 거래량도 포함하여 강도를 측정하므로 MFI를 사용

$$\bullet \ MFI = 100 - \left(\frac{100}{1 + MoneyRatio} \right)$$

$$Typical\ Price = \frac{고가 + 저가 + 종가}{3}$$

Money Flow = Typical Price × 거래량

+ Money flow = Money flow 양수의 합, − Money flow = Money flow 음수의 합

$$Money\ Ratio = \frac{[+Money\ flow]}{[-Money\ flow]}$$

• 기본값

  기간: 14일 기준, 과매수수치: 80 이상, 과매도수치: 20 이하

• 매수: 과매도 구간에서 기울기 변화, 다이버전스

• 매도: 과매수 구간에서 기울기 변화, 다이버전스

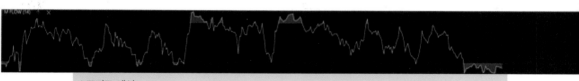

MFI지표 예시

⑤ Bollinger Bands(BB): 가격이 20일 이동평균선 중심으로 표준편차(약 96.5%) 범위 안에서(밴드 안에서) 움직이는 지표

- 밴드폭이 좁아지거나 넓어지면 가격 변동이 일어남
- 1시간봉 볼린저밴드 과매수 터치일 경우 매도
- 매수: 볼린저밴드 하단부 돌파 동시에 매도량 감소
- 매도: 볼린저밴드 상단부 돌파 동시에 매수량 감소

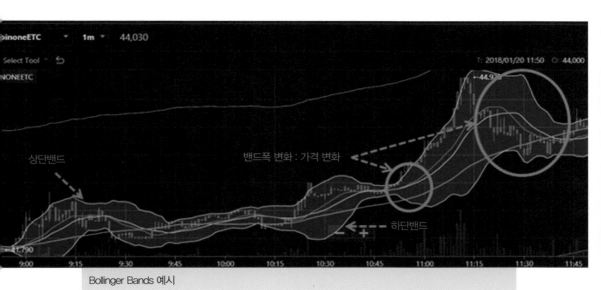

Bollinger Bands 예시

보조지표에는 상승추세선, 하락추세선, 지지선, 저항선과 같은 추세선을 이용한 방법, 거래량 지표(MFI)를 활용한 방법, 모멘텀(강세) 지표(STCH MTM, Ichmoku cloud, Bollinger bands) 등 많은 자료들이 있다. 여러 지표를 활용해보니 MFI, Bollinger bands, STCH MTM index, CCI가 가격 반영이

빠르고, 다른 지표들보다 정확하다는 것을 알 수 있었다.

주식에서 많이 사용하던 MACD는 잊자. "코인판은 차트가 안 맞는다"고 하는 이들이 많다. 그럴 만한 이유가 있다. 코인판은 사이클이 굉장히 짧기 때문이다. 많이 쓰이는 지표들의 반응이 느려서 이미 매수·매도타이밍을 놓치는 경우가 많다. 주식차트 매매를 하던 트레이더가 주식에서 주로 쓰던 지표를 가상화폐에서도 활용하려면 매매 주기를 늘리거나 지표 세팅을 조금 더 기민하게 설정해야 한다. 차트 사이트에서 기본 설정을 해놓는 것만으로도 충분하다. 모든 지표들은 매수 혹은 매도시그널을 포착한다. 거래량이 증가된 상태라면 시그널을 좀 더 확증할 수 있다. 지표들이 모두 시그널을 줄 경우 더욱 확증할 수 있다. 나는 최소 2개 지표 이상 매수·매도시그널을 포착할 때에만 거래한다.

3개 이상 지표에서 시그널을 확인할 경우 과감히 거래해왔다. 만약 1개의 지표에서만 시그널을 확인할 경우 스킵한다. 이 경우 거래 타이밍을 가져가기가 애매하여 확신하기 힘든 경우가 많기 때문이다. 또한 시그널이 보이지 않을 때는 거래를 쉬기도 한다.

보조지표 선정이나 세부적인 조절에 대해 고민하는 트레이더가 많다. 보조지표는 이외에도 다양하고 주식 서적 중에는 지표 내용으로만 한 권의 분량을 채우는 서적들도 많다. 나의 매매 주기, 매매 스타일에 맞게 지표 숫자를 조정하면서 한 가지 지표를 2~3가지로 비교해보며 자기만의 방법을 만들어보는 것이 좋다. 이 수정 과정은 몇 주는 걸릴 수 있다.

만약 초단기로 투자하는 성향이라면 보조지표를 3개 이하로 설정해서 여러 타임프레임을 보면서 순간적으로 보조지표를 참고할 만한지 빠르게 볼 수 있어야 한다. 반면 변동성이 작거나 여유 있게 천천히 매매한다면 여러 지표를 여러 타임프레임으로 나눠서 비교분석 해보자.

나는 거래를 할 때 많은 요소 중 보조지표를 가장 참고하는 편이지만, 100% 확신하기보다는 생각하는 흐름대로 어느 정도 움직이기 전까지는 언제든 달라질 수 있다고 생각하는 편이다. 짧은 타임프레임에서 작은 신호에 놀라 큰 타임프레임의 대세 상승이나 대세 하락신호를 잊고 반대 매매를 하지 않도록 주의해야 한다.

오랜만에 매매한다면

매매를 쉬다 다시 하게 되면 감을 잃게 마련이다. 이때에는 초심으로 돌아가서 숙지해야 하는 내용을 다시 체크하는 게 최우선이다. 이후 가격과 지표의 흐름이 숙지되도록 반복하고 진입시점을 고려한다. 장기투자 후 매도시점을 고려할 때는 초기 목표가와 얼마나 다른지, 현재 상황이 예전에 예측한 상황과 얼마나 어떻게 다른지, 현재 매도 후 재진입에 대한 후회를 하는 것은 아닌지를 고려해보자.

그리고 이전 상황에서 손실로 멘탈이 나간 상태에서 다시 매매를 한다면 실패한 이유를 복기하고 소액에서 점차 늘려가야 한다. 당신의 그릇에 맞지 않는 금액을 또 운용하면 실패는 예정된 것이나 마찬가지이다.

06

크맨의 차트 매매 5가지 비법
하루에 1% 더 수익이 나는 매매비법

차트와 호재와의 관계
- 악재는 호재보다 강하다
- 호재를 앞둔 상황에서 차트의 형태가 무너질 경우 차트를 우선하자
- 모두가 아는 호재와 악재의 선반영을 고려하자
- 상승장에서 기대감만 수익으로 전환하고 나와도 당신의 성적은 나쁘지 않을 것이다
- 소수만 아는 호재는 점점 줄어들 것이다. 대신 상승에 대한 기대심리가 형성된 상황에서 호재는 여전히 좋은 상승재료가 될 수 있다
- 악재의 경우에는 지난 악재들을 돌이켜보고 예전 사례보다 더 하락할 만한 사례인지 생각해보고 매매하자

이 책에서는 블록체인의 기술적인 내용이나 가치투자에 관한 내용은 다루지 않는다. 그럼에도 여러 시장 이슈들은 차트에 가격을 반영시키기 때문에

알아두는 것이 좋다. 특히 과거의 사례를 알아둔다는 것은 우리가 역사를 배우고 이를 교훈삼아 잘못을 되풀이하지 않는 것과 비슷하다.

가상화폐 시장의 제도권 진입의 노력과 블록체인 관련업계의 발전에 따라 투자자나 트레이더들도 평균적인 지적 수준과 경험이 늘고 있다. 따라서 과열장이 아닐 경우에는 호재나 악재에 대한 뉴스가 이전보다는 변동성이 줄거나 예측하기 어려운 방향으로 흘러갈 수 있다는 점을 염두해야 한다. 하지만 이제 막 매매를 시작한 초심자는 다르다.

투자자들은 대부분 코인의 로드맵상의 기술적 개발단계 또는 기업 제휴 등을 호재로 받아들인다. 이러한 호재를 앞두고는 막연히 상승을 기대하여 매수를 하고 마냥 기다리는 경우가 많다. 하지만 이러다가 큰 문제나 위기를 마주할 수도 있다. 해당 코인의 호재와 코인판 전반적인 악재가 동시에 발생할 경우 호재와 관계없이 가격이 떨어지는 일이 비일비재하기 때문이다. '호재니까 오르겠지' 하고 생각한다면 손실을 볼 가능성이 높다.

전반적인 악재가 발생하게 되면 차트의 지지선이 아래로 깨지면서 하락하게 된다. 예를 들면 아래 그림에서 차트 매매투자자는 '지지선이 뚫릴 경우 손절'이라는 기본공식을 발동해서 15,000원 아래로 떨어지면 손절하여 손실을 줄일 수 있다. 하지만 '호재도 있으니까 버텨보자'라고 생각하면 어떻게 될까? 가격이 6,650원까지 떨어지게 되어 금전적 손실은 물론 커다란 정신적 타격을 입게 된다.

2017년 9월 초, 중국의 거래소 폐쇄 및 규제가 공식화되며 호재를 앞둔 코인들도 가격이 일제히 하락하게 되었다. 당시 퀀텀코인은 가상화폐를 블

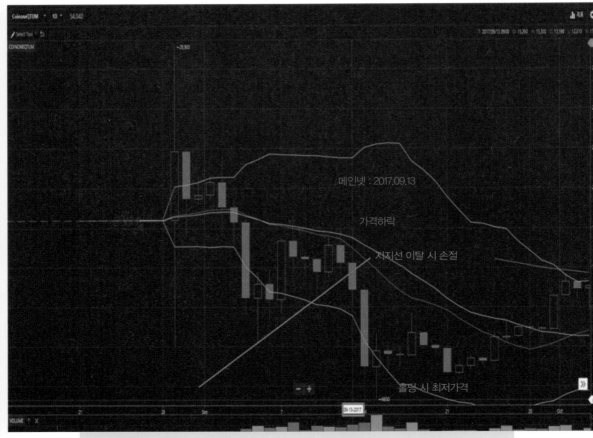

메인넷 : 2017.09.13

가격하락

지지선 이탈 시 손절

홀딩 시 최저가격

퀀텀 일봉 차트

록체인화하여 첫걸음을 시작하는 메인 행사를 앞두고 있어 중국 거래소에서 거래가 많이 벌어지고 있었다. 때문에 중국 정부의 거래소 폐쇄는 큰 타격이 되었다.

호재·악재를 파악하지 못하더라도 차트를 보며 수렴 후 상승을 할 때에는 매수를 고려하고, 상승추세선 혹은 지지선을 이탈하는 경우 매도를 고려하는

84

것이 무작정 호재·악재의 반영을 기다리는 것보다 현명한 투자 방법이다.

스캘핑투자자라고 해서 1분봉만 보면 매도타이밍을 너무 짧게 잡을 수 있고, 가격이 떨어질 때 지지선을 확인하지 못하여 매수 후 손실을 입을 수 있다. 나무만 보지 말고 숲을 봐야 한다. 자금의 흐름에 따라 코인별로 돌아가며 상승하거나 차트가 반대로 움직이는 경우도 있다. 때문에 한 코인의 차트만 보게 되면 다른 코인의 매수타이밍을 놓쳐버리게 되는 셈이다. 거래하려는 코인의 매도 시기가 다가오면 매도 후 가격이 반대로 움직이는(디커플링) 코인의 차트를 찾아 매수타이밍을 노려볼 만하다.

포지션	거래간격	주활용 차트 간격	거래 화폐 개수
스캘핑투자자	1분~1시간	1분, 5분, 15분, 1시간	1~2 종류 집중
데이트레이더	1일 이내	15분, 1시간	1~4 종류
스윙투자자	3~30일	1시간, 2시간, 1일	2~4 종류
장기투자자	1~6개월	1일, 1주	3~4 종류
파종투자자	3~6개월	1일	7종류 이상

이 책에서는 단기든 중장기든 모든 투자자가 알아야 할 투자 방법을 소개한다. 또한 투자 주기에 따라 차트 주기의 기준을 잡고 분석하는 방법도 소개한다. 예를 들어 '스캘핑(Scalping)'이라 불리는 초단기투자자는 1분봉만으로 거래한다고 생각하기 쉽다. 하지만 15분, 1시간봉도 확인하며 거래하는 것이 좋다. 1시간봉에서 매수시그널이 나온다는 말은 그 전에 떨어진 가격이 다시 되풀이한다는 것을 의미한다. 이러한 흐름을 파악하면 매수시그널을 확인할 때 확증할 수 있다.

투자를 할 때는 거래를 시작하기 전부터 큰 흐름을 파악해야 한다. 본업 때문에 혹은 여러 상황 때문에 차트를 자주 볼 수 없다면 차트 주기를 임의로 조정하여 거래한다.

누군가에게 코인 투자는 '취미'이고, 누군가에게는 '생존전투'이다. 여건이 허락되는 한 자주 볼 수 있는 상황에 맞춰 차트 주기를 조율하고 투자하자. 거래 화폐가 늘어날수록 대세 상승장에서 매수한 코인들은 돌아가며 익절이 가능하지만, 하락장에서는 코인 대부분이 동시에 떨어져 손절타이밍을 놓칠 수 있다. 장기투자자가 아니면 너무 많은 코인을 투자하는 것은 조심해야 한다. 가격이 떨어질 때 대처하기가 어렵다.

알트코인 위주로 투자하더라도 비트코인차트와 시가총액차트는 늘 참고하는 것이 좋다. 비트코인은 해외 많은 거래소에서 비트코인을 기축통화로 거래하기 때문에 알트코인에 영향을 줄 수 있다. 또한 시가총액은 시가총액차트를 통해 유지, 상승, 하락을 확인할 수 있다.

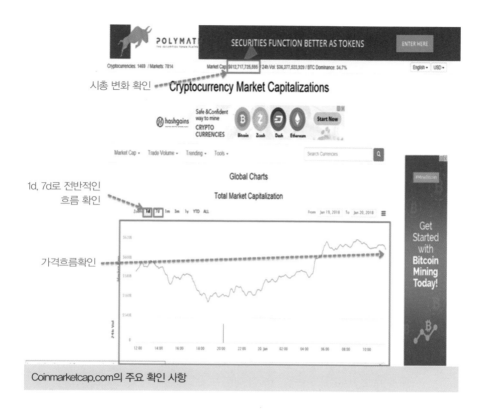

시총 변화 확인

1d, 7d로 전반적인
흐름 확인

가격흐름확인

Coinmarketcap.com의 주요 확인 사항

    시총에 대한 흐름은 자주 매매를 하는 경우에는 어느 정도 인지가 되어 있다. 시총을 참고해야 하는 경우는 기관이나 국가 등 큰 규모의 자본이 들어오거나 나갈 때 참고하며, 상황에 따라서는 과열된 시장의 추세전환 신호가 될수도 있다.

차트를 부수는 기대감과 프리미엄
- 다이버전스를 부수는 '가즈아'
- 프리미엄은 기대심리

차트에서 다이버전스(Divergence)란 가격과 지표가 반대로 움직이는 것을 의미한다. 가격은 오르는데 지표는 내리거나, 가격은 내리는데 지표는 오르는 경우를 말한다. 이때에는 가격의 추세가 변하는 경우가 생기지만, 코인판에서는 매수세가 점점 약해지며 지표의 저점이 내리더라도 일단 매수가 붙으면 보조지표를 무시하고 강하게 오르기도 한다. 따라서 트랩에 걸리지 않고 매도하기 위해서는 분할 매도를 고려해보는 한편, 전고점을 돌파하는지 여부도 파악해야 한다.

지난 시간 동안 많은 초심자를 봐왔을 때 분할매매를 달가워하지 않는 분들이 많았다. 어느 정도 실력이 되지 않거나 그동안 손해가 많았다면 본인이 파악한 내용(차트 분석)이 아예 잘못되었거나, 놓치고 있는 내용이 발생할 수도 있다. 이 점을 고려해서 분할매매는 습관을 들이는 게 기대수익률을 높이는 길이다.

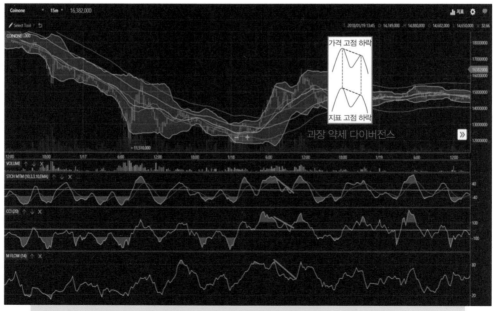

과장약세다이버전스로 하락을 예상할 수 있었지만, 가격은 일단 상승했다.

나는 거래의 90% 이상은 스마트폰으로 수익을 내왔다. 사실 컴퓨터로 여러 차트를 보면 거래속도가 더 빠르고 차트를 분석하기도 더 수월하다. 하지만 본업에 신경을 쓰게 되면 컴퓨터로 차트를 볼 수 있는 시간이 없다. 스마트폰으로 투자한다고 해서 매매승률이 떨어지는 것은 아니다.

물론 스마트폰으로 거래하기 위해서 필요한 것들이 있다. 가장 먼저 필요한 것은 '숙달'이다. 차트로 매수타이밍 또는 매도타이밍을 확인한 후 탭전환을 하여 거래소 창으로 가서 매수, 매도를 한다. 이 과정을 수없이 연습하면 컴퓨터로 매매하는 만큼의 속도는 아니더라도 충분히 빠른 거래가 가능하다.

스마트폰으로 거래할 때는 보조지표를 확인할 수 있도록 충분히 크기를 확보해야 한다. 나는 봉차트는 최소한으로 줄여놓고 보조지표의 흐름을 보는 데 더 많은 공간을 할애한다. 이를 통해 작은 가격변화 움직임도 보조지표로 확인이 가능하다.

과거 가스공사에 다니며 지인들과 함께 같은 자리에서 매매를 할 때 스타크래프트 게임하는 것처럼 한다는 이야기를 들었었다. 게임처럼 재밌게 한다는 뜻이 아니라 스마트폰 화면이 빠르게 변하기 때문이다. 빠르게 창을 옮기며 순간순간 판단을 한다는 점에서 전략시뮬레이션 게임과 비슷한 면도 분명 있다. 그래서 나이가 젊을수록 모바일 스캘핑에 유리한 면이 있다. 반면 매매

속도가 느린 분들은 거래량이 몰리는 코인보다는 변동성이 적은 종목이 유리하다. 모바일 매매에서 항상 조심해야 하는 변수는 렉, 매매속도, 놓치는 타임프레임, 이 3가지다. 노트북이나 데스크탑보다 볼 수 있는 내용이 제한적이다보니 놓치는 관점도 생길 수 있고 평소 매매속도가 느린 경우에는 더 어렵게 느껴질 수 있다. 이에 대해서는 가능하다면 가격의 흐름, 예상한 차트의 흐름 정도는 기억하고 있다가 중간에 다시 확인할 때 '이쯤에서 반등/저항 했어야 했는데' 하며 확인할 수 있도록 메모하거나 기억해야 한다.

나의 스마트폰 매매 시 인터넷 목록. 거래소, 시세차트, 프리미엄차트, 시가총액차트면 충분하다.

차이가 느껴지는가? 보조지표를 작게 해놓으면 없는 것과 같다. 보조지표의 가독성을 유지하면서, 가격을 보기 위해 차트의 범위를 넓혀 지지선·저항선을 확인하며, 좁은 봉차트 부분을 보완해주면 폰차트로도 충분히 보조지표를 확인하고 거래할 수 있다.

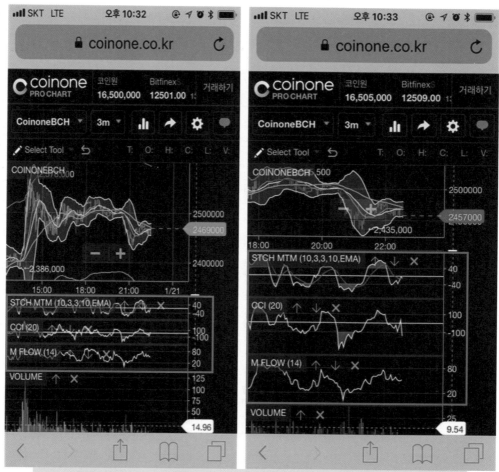

왼쪽: 보조지표가 의미 없어진 차트, 오른쪽: 나의 핸드폰 차트 예시

Chapter 02

차트매매 실전

01

알면 적어도 손해는 안 보는 지지선, 저항선, 추세선을 이용한 매매

가장 기초적인 매매 방법
- 지지선 하향 이탈 시 매도, 저항선 상향 이탈 시 매수
- 상승추세선 하향 이탈 시 매도, 하락추세선 상승 돌파 시 매수
- 강한 지지선과 추세선은 첫 가격 도달 시 적극적인 매매, 이후 여러 번 도달 시 관망
- 다른 매매 방법의 기초가 되는 방법

추세선을 통한 매매는 제일 기본적이면서 동시에 마지노선의 성격을 띤다. 가격 움직임의 특정 징후를 미리 파악한 이들이 눈치싸움에서 먼저 움직인다면, 추세선을 보는 이들은 추세선의 이탈을 보고 매매하기 때문에 이 타

이밍에도 매수나 매도를 하지 않으면 가격이 이미 많이 오르거나 내린 상태에서 매매할 수 있다.

다른 요소 없이 지지선, 저항선, 추세선만으로 매매를 하려면 최소 중장기 트레이더일 것이다. 그만큼 주식시장과는 다르게 빠르게 판단해야 하는 내용이 많은 점이 다르다. 하지만 특정 추세가 강하게 생기거나 강한 지지선과 저항선의 근처에서 매매는 매매법을 단순하게 만들어준다. 지지선 및 상승추세선을 하향 이탈 시 매도하고, 저항선 및 하락추세선을 상향 이탈 시 매수하는 것이다. 이 방법을 통한 매매가 제일 확실하지만, 주식투자자를 포함한 수많은 투자자들이 이와 같은 방식으로 투자를 하기 때문에 지지선, 저항선, 추세선만으로 매매하는 것으로는 고점에 매도하고 저점에 매수하는 것이 불가능하다. 따라서 다른 매매 방법을 참고하면서 분할 매수·매도를 한다.

특히 지지선, 저항선, 추세선이 상방 또는 하방으로 기존의 흐름을 깨는 순간에는 다른 투자자들도 매수 또는 매도를 할 것은 눈에 보듯 뻔하다. 이를 염두에 두어 남은 물량을 전액 매도하는 것도 좋다. '남들도 다 하는' 방법이기 때문에 모르면 손해를 볼 수 있다.

> **로그스케일 차트를 놓치지 말자**
> - 단기: 등간격(Linear) 차트 활용
> - 장기: 로그스케일(Log Scale) 차트 활용
> - 등간격 차트에서 강한 상승 또는 강한 조정이라고 느끼더라도 로그스케일 차트로 보면 다르게 해석할 수 있다

차트의 세로(Y) 축은 가격으로 표시된다. 표시방법은 크게 같은 가격의 간격으로 나타내는 등간격(기본값)과 상승률로 나타내는 등비율(로그스케일) 표현 방법이 있다. 투자자들에게 제일 중요한 것은 몇 만 원이 상승한 것이 아닌, 몇 퍼센트가 상승했는지 여부일 것이다. 등간격 차트는 가격 변화가 크지 않거나 단기적인 그래프에서 보기 좋다.

로그스케일 차트는 3개월 이상 장기적인 그래프에서 가격의 등락을 좀 더 보기 좋게 나타낸다. 가격 상승에 따른 상대적인 수익 및 손실 상황을 확인하기 좋으니 참고하자.

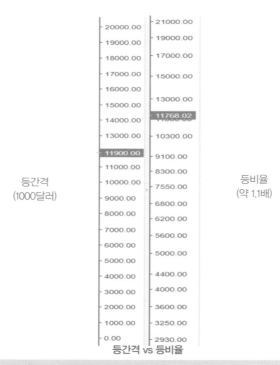

등간격(좌) 차트 눈금과 등비율(우) 차트 눈금

로그스케일 차트 설정방법

① cryptowat.ch

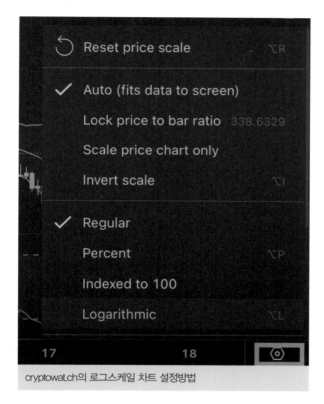

cryptowat.ch의 로그스케일 차트 설정방법

매순간 로그스케일 차트를 확인을 하는 것보다는 과열양상을 띠거나 최소 50% 이상의 상승을 보인 후 가격 조정이 시작될 때 참고 용도로 체크해보자. 차트 관련 사이트별로 대부분 눈금이나 설정 부분에서 찾을 수 있다.

로그스케일 차트를 활용하기 위해서 사이트별로 설정방법은 다음과 같다. 기존 차트인 Linear 차트와 로그스케일 차트를 같이 열어두고 비교해보면 가격흐름의 차이를 비교할 수 있다.

② coinmarketcap.com

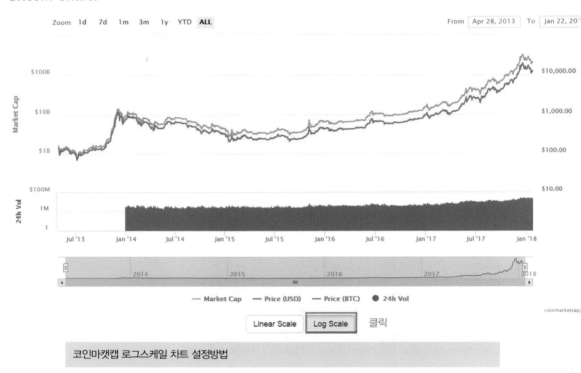

코인마캣캡 로그스케일 차트 설정방법

파란 선은 시총을 나타내며 초록선은 가격(달러)를 나타낸다. 비트코인은 기축통화역할을 하며 시총과 같은 비율로 등락을 보여왔다.

③ Tradingview.com

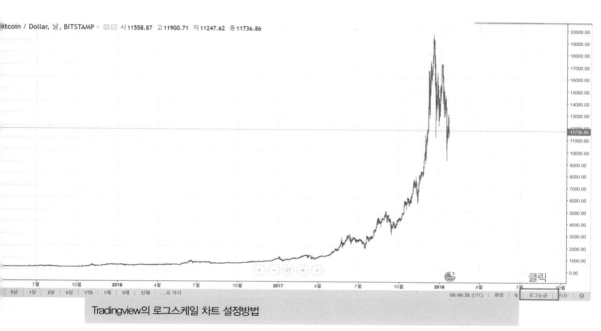

Tradingview의 로그스케일 차트 설정방법

※ 열 번 찍어 안 넘어가는 나무 없다는 말처럼 추세선과 지지선을 짧은시간에 여러 번 두드리면 해당 지지선, 저항선, 추세선은 뚫릴 가능성이 매우 높다. 즉, 지지선, 저항선, 추세선은 적어도 몇 달 이상의 긴 기간 동안 형성된 가격을 기준으로 하는 것이다.

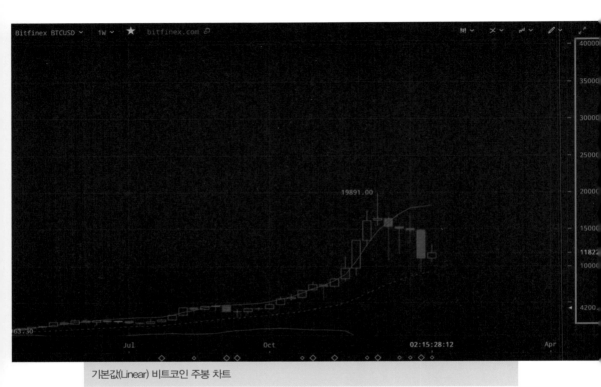

기본값(Linear) 비트코인 주봉 차트

일반(Linear) 차트와 로그스케일 차트는 같은 봉을 비교해볼 때 명확한 차이를 확인할 수 있다. 위의 그림은 2018년 1월 기준 비트코인의 주봉 차트이다. 왼쪽은 기본값으로 설정된 Linear(등간격) 차트이고 오른쪽은 세로축을 등비율로 나타낸 Log Scale(등비율) 차트이다. 차트를 보면 가격의 조정이 진행 중이다. 등간격 차트에서는 이미 강한 매도가 이루어졌으나, 등비율 차트에서는 아직 조정이 강하지 않은 상태로 하락의 여지가 더 있음을 확인할 수 있다.

100

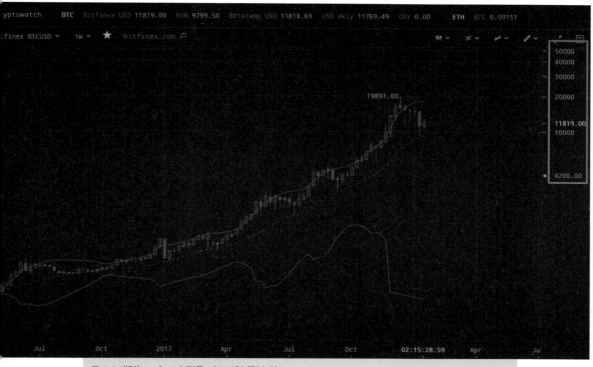

로그스케일(Log Scale) 적용 비트코인 주봉 차트

　따라서 비트코인의 가격이 계속해서 상승하더라도 차트의 단순 가격 상승만으로 정확한 상승 퍼센트를 확인할 수 없다는 점을 염두에 두고, 가격 차이와 함께 등락 퍼센트도 함께 확인하자.

실전예제 ①

Q. 현재 이더리움클래식 BTC 마켓의 차트는 다음과 같다. 상승추세선, 저

항선을 그려보고 현금 포지션에서 매수시점을 확인해보자.

해설

　　지지선, 저항선, 추세선을 표기하면 다음과 같다. 빨간 원의 지점은 추세선
1 또는 추세선2 또는 추세선3을 터치하며 반등 시 좋은 매수타이밍이다. 반
대로 코인 홀딩 포지션일 경우에는 가격과 가장 가까운 추세선인 추세선1을
하향 돌파 시 매도한다. 가격이 내릴 경우 가장 가까운 지지선 또는 상승추세
선 중 가격이 더 가까운 곳을 반등 포인트로 잡고, 매도한 코인을 매수하여
개수늘리기를 고려하거나 추가 매도를 고려한다.

실전예제
②

Q. 네오코인의 차트는 다음과 같다. 현재 가격에서 손실을 입고 있는 상태
라면 어디서 손절해야 하는지 체크해보자.

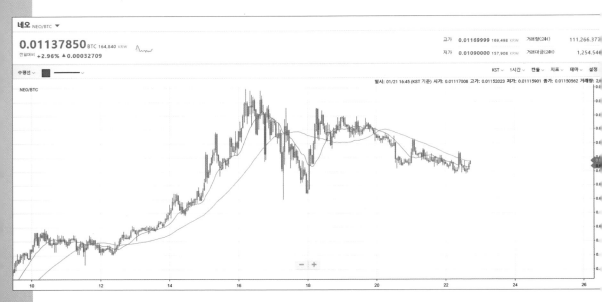

해설

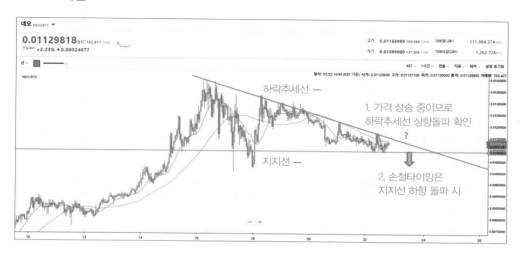

하락추세선은 현재 가격과 가장 가까운 천장과 천장을 연결하여 작성했다. 현재 지지선에서 두 번 바닥을 찍고 상승전환 추세인 W형태를 그리고 있다. 여기서 하락추세선을 상향 돌파 시 추세전환을 확인할 수 있다. 만약 추세선 상향돌파 실패 후 지지선에서 가격이 내릴 경우 손절한다.

따라서 현재는 매수한 코인을 손절하기보다 하락추세선을 뚫을지 지켜보는 것이 중요하다. 매도를 한다면 상향추세선을 돌파하지 못하고 내릴 때 하는 것이 좋다.

실전예제 ❸

Q. bitfinex 이더리움클래식의 차트가 다음과 같다. 현재 가격에서 지지선
또는 저항선 또는 추세선을 그려보자.

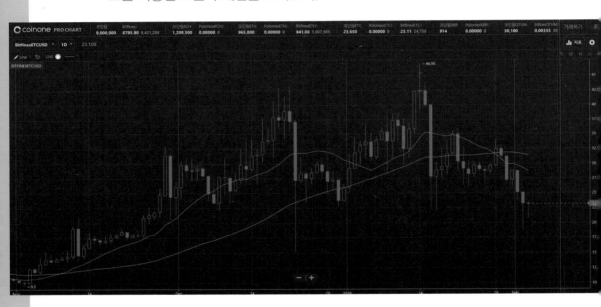

해설

　가격이 하락추세이므로 지지선 및 하락추세선을 그린다. 현재 가격 근처
에 여러 지지선이 있으므로 현금포지션일 경우 분할로 매수를 시도해볼 수
있는 구간이다.

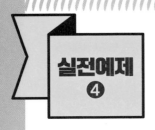
실전예제 ❹

Q. 다음은 Bittrex의 퀀텀코인의 차트이다. 차트의 지지선과 저항선을
그려보자.

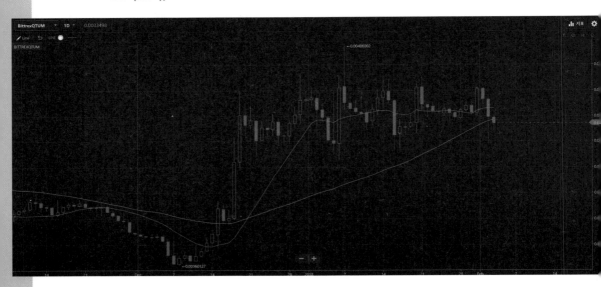

해설

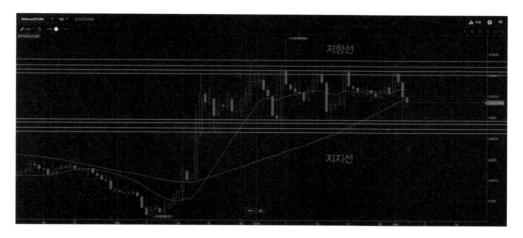

　가격의 지지선과 저항선을 그려본다. 약 2주의 간격으로 지지선과 저항선 사이에서 가격이 움직이고 있다. 주의할 점은 가격이 사토시로 표기되어 있다는 점이다. 2018년 1.7일~2.2일의 퀀텀의 실제 가격은 7일 가격대비 50% 이상 손해가 났지만, 위의 차트는 BTC마켓의 차트이므로 비트코인의 상대적인 가격으로 나타난다. 따라서 해외거래소 투자자 중 BTC마켓에서 거래하는 경우에는 비트코인의 가격도 같이 확인을 해야 한다.

02 한 눈 감고도 할 수 있는 쉬운 매매법

골든크로스, 데드크로스를 이용한 매매

제일 쉬운 매매 방법
- 골든크로스 타이밍에 매수한다
- 데드크로스 타이밍에 매도한다
- 가장 쉽지만 고점매도, 저점매수 하기 어려운 방법
- 지지선, 저항선, 추세선 매매와 함께 활용한다
- 긴 타임프레임의 골든크로스를 기다리면 이미 큰 상승에 도달하고, 긴 타임프레임의 데드크로스를 기다리면 이미 큰 하락에 도달한다

추세선을 이용한 매매와 함께 가장 많이 활용하는 방법이다. 쉬운 방법이지만 최저점, 최고점의 타점을 잡기 위해서는 변곡점이 생기기 전 미리 염두

가 필요하고, 상승장이나 하락장에서 추세전환 실패를 통해 추세의 지속을 파악할 수 있다.

골든크로스와 데드크로스는 스토캐스틱, 스토캐스틱 모멘텀, MACD에서 주로 사용하는 매매 방법이다. 직관적으로 매매타이밍을 잡을 수 있는 것이 장점인 반면 이미 골든크로스와 데드크로스를 지나치고 매매타이밍을 놓치는 분들이 많아서 이 부분에 대한 보완이 필요하다.

골든크로스와 데드크로스는 1장에 언급한 대로 골든크로스는 매수타이밍, 데드크로스는 매도타이밍으로 활용할 수 있다. 차트 사이트에서 %K선은 검은 선 또는 하얀 선으로 표기된다. 사이클이 빠른 코인판에서 STCH MTM INDEX(스토캐스틱 모멘텀)지표는 MACD 지표보다 빠르게 반응하는 장점이 있다. 따라서 나는 MACD보다는 스토캐스틱 모멘텀 지표를 활용한다.

이 매매법은 쉽고 간단하지만, 이평선의 간극이 멀어질 경우 타이밍을 잡는 데 어려움이 있을 수 있다. 때문에 단순히 골든크로스나 데드크로스만을 이용한 매매로는 고점매도나 저점매수가 어려울 수 있다.

염두가 정말로 중요하다!

1, 3, 5분처럼 짧은 봉은 골든/데드크로스 발현 직후 매매를 해도 호가 차이가 별로 나지 않지만, 4시간봉이나 6시간봉의 경우에는 이야기가 다르다. 텀이 긴 타임프레임에서 골든/데드크로스가 나오려면 큰 상승/하락이 나와야 하고, 그러면 이미 늦는다. 따라서 매매를 지배하는 타임프레임(골든/데드크로

스가 보이려는 가장 텀이 긴 타임프레임)을 찾고 그 봉의 마감시간 전후로 가격이 변할 가능성을 고려한 다음 더 짧은 봉으로 가서 매수/매도 타이밍을 정해야 한다.

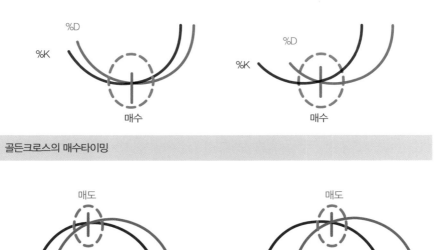

골든크로스의 매수타이밍

데드크로스의 예시

조금 더 강한 신호, 교차타이밍에 있다

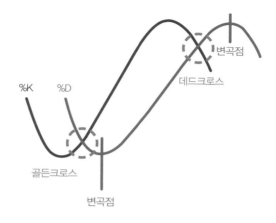

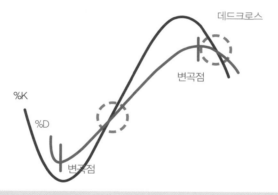

더 강한 확증을 나타내는 교차타이밍

　%D선이 먼저 변곡점(고점을 찍고 내리거나, 저점을 찍고 오르는 점)을 그리고 골든크로스나 데드크로스가 나타나면 좀 더 강한 상승·하락을 기대할 수 있다.

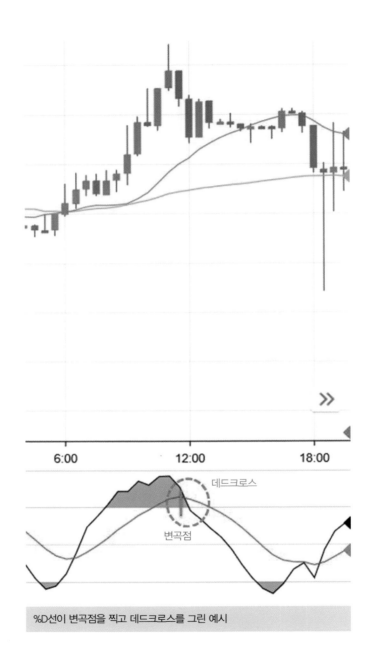

데드크로스

변곡점

%D선이 변곡점을 찍고 데드크로스를 그린 예시

지표설정

Stochastic Momentum Index	기본값	단기	장기
%K Periods 단기이평선 기간	10	5	20
%K Smoothing Periods 장기이평선 조정기간	3	3	12
%K Double Smoothing Periods 장기이평선 조정기간2	3	3	12
%D Periods 장기이평선 기간	10	3	120
%D Moving Average Type 장기이평선 종류	Expone ▾		
%K 단기이평선 색	☐		
%D 장기이평선 색	◼		
Show Zones ☑			
OverBought 과매수 기준값	40		
OverSold 과매도 기준값	-40		
Create			

지표설정의 예시. 개인에 맞게 수정해도 좋고, 기본값으로 투자해도 무방하다.

지표설정은 기본값으로 해도 무방하지만, 스캘핑을 하거나 조금 더 짧은 주기로 지표를 보고 싶다면 위의 수치를 활용하여 변경해도 좋다. 간격을 짧게 조정할수록 지표의 곡선이 가격 반응을 더 민감하게 하지만, 너무 자주 골든크로스와 데드크로스가 나타나서 타이밍을 잡기가 오히려 더 어려울 수도 있다. 보조지표의 수치는 본인의 스타일에 맞게 조정할 수 있으므로 정답은 없다는 것을 기억하자.

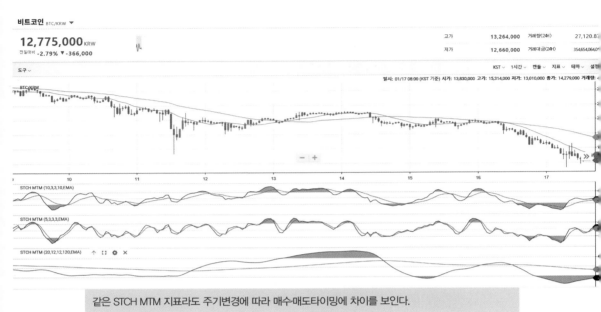

비트코인 BTC/KRW ▼

12,775,000 KRW
전일대비 -2.79% ▼ -366,000

고가 13,264,000 거래량(24H) 27,120.8
저가 12,560,000 거래대금(24H) 354,654,064,0

KST ∨ 1시간 ∨ 캔들 ∨ 지표 ∨ 테마 ∨ 설정

일시: 01/17 08:00 (KST 기준) 시가: 13,830,000 고가: 15,314,000 저가: 13,010,000 종가: 14,279,000 거래량:

STCH MTM (10,3,3,10,EMA)

STCH MTM (5,3,3,3,EMA)

STCH MTM (20,12,12,120,EMA)

같은 STCH MTM 지표라도 주기변경에 따라 매수·매도타이밍에 차이를 보인다.

힌지(Hinge)

%K선(하얀 선 또는 검정 선)의 움직임이 둔화되는 상태를 말한다. 과매수 구간(40 이상) 또는 과매도 구간(−40 이하)에서 힌지가 나타날 경우 추세전환이 예고된다. 힌지는 ① 하락전환 힌지: 과매수 구간에서 힌지 이후 데드크로스가 등장하며 하락추세 전환 ② 상승전환 힌지: 과매도 구간에서 힌지 이후 골든크로스가 등장하며 상승추세 전환으로 나눌 수 있다.

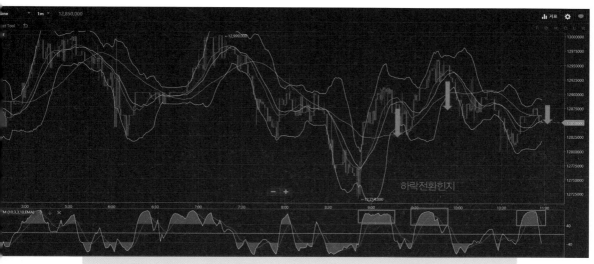

하락전환 힌지. 과매수 구간에서 힌지 이후 데드크로스가 등장하며 가격이 하락하고 있다.

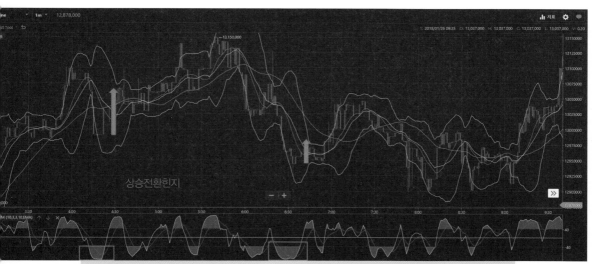

상승전환 힌지. 과매도 구간에서 힌지 이후 골든크로스가 등장하며 가격이 상승하고 있다.

리테스팅(Retesting)

STCH MTM INDEX 지표가 %K선과 %D선의 지표수치가 조정이 오면서 가격이 오르거나 내리는 것을 리테스팅이라 한다. ① 하락리테스팅: 데드크로스 이후 %K선의 일시적인 조정 후 지표하락인 경우를 나타내며 하락추세 지속 또는 강화를 나타낸다. ② 상승리테스팅: 골든크로스 이후 %K선의 일시적인 조정이후 지표상승인 경우를 나타내며 상승추세 지속 또는 강화 리테스팅은 지표 수치의 일시적인 조정이 끝나면 추세가 지속되거나 강해지고 골든크로스, 데드크로스가 나타나지 않으면서 나타날 경우 추세가 더 강해진다.

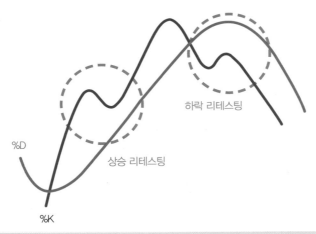

상승 리테스팅과 하락 리테스팅

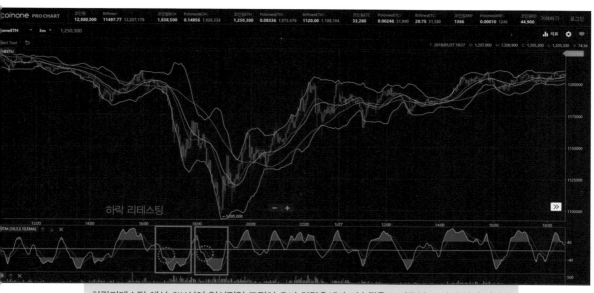

하락리테스팅 예시. %K선이 일시적인 조정이 오며 하락추세가 지속됨을 보여주었고, 가격 역시 하락하였다. 하락 직후 한 번 더 리테스팅을 보여주며 하락추세가 추가적으로 나타났다.

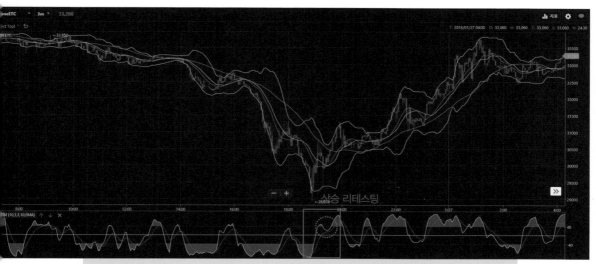

상승리테스팅 예시. %K선이 일시적인 조정이 오며 추세가 상승추세가 지속됨을 보여준다.

추세전환 실패(Failure)

신고점 또는 신저점을 갱신하는 경우에 추세전환의 실패가 나타날 수 있으며 크게 두 가지로 나눌 수 있다. ① 과매수 구간(40 이상)에서 데드크로스 이후 다시 과매수 구간(40)을 넘지 못하고 다시 골든크로스를 나타내는 경우에 상승추세 강화를 의미한다. 신고점 또는 전고점 돌파 시 나타날 수 있다. ② 과매도 구간(-40 이하)에서 골든크로스를 나타내고 다시 과매도구간(-40 이하)를 넘지 못하고 다시 데드크로스를 나타내는 경우이다. 신저점 또는 전저점 돌파 시 나타날 수 있다.

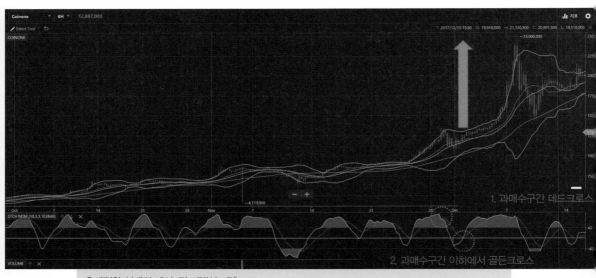

추세전환 실패의 예시. 전고점(신고점)

120

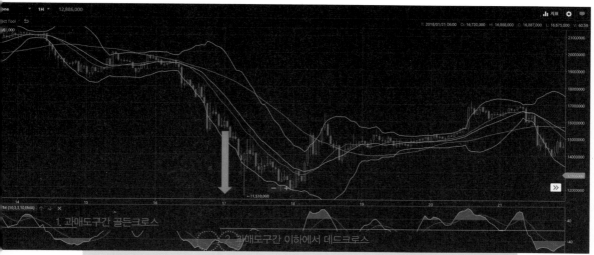

추세전환 실패의 예시. 전저점(신저점) 갱신

    과열과 급등·급락이 많은 코인차트에서 추세전환 실패는 자주 볼 수 있다. 추세전환과 함께 지지선·저항선 가격도 같이 확인하여 거래하는 것이 좋다.

    추세전환 실패는 추세가 바뀔 것 같은데 안 바뀌고 지속되는 것을 말한다. 매매를 준비중인 입장에서는 장 상황에 따라 공격적인 매수/매도를 준비하거나 가장먼저 추세턴이 염두되는 타임프레임 차트를 찾아야 한다.

Q. 골든크로스를 활용한 매수타이밍 찾기. 다음 라이트코인 차트에서 골든

크로를 표시해 보고 매수타이밍을 예측해 보자.

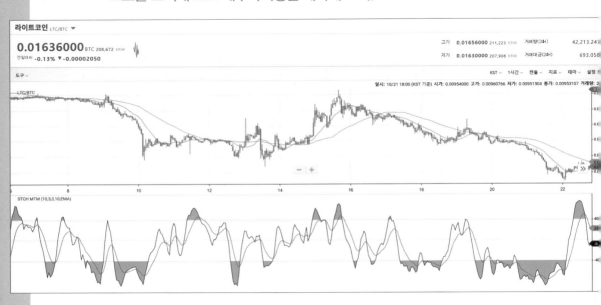

해설

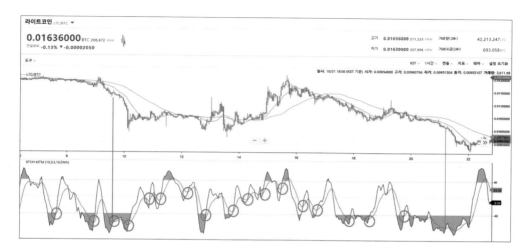

　골든크로스를 찾는 것은 어렵지 않다. 많은 골든크로스 직후 가격이 오르
는 것을 확인할 수 있다. 주의해야 할 것은 가격 하락 시 무작정 데드크로스
를 기다렸다 매매하려고 하는데, 실제로는 급격하게 떨어진 경우도 있다.(매
매할 경우 이미 내리는 경우가 있다.) 따라서 지지선, 저항선 및 타 보조지표도
같이 활용하는 것이 좋다.

Q. 다음은 비트코인 일봉 차트이다. 현재 가격에서 차트의 흐름을 예상해
  보자.

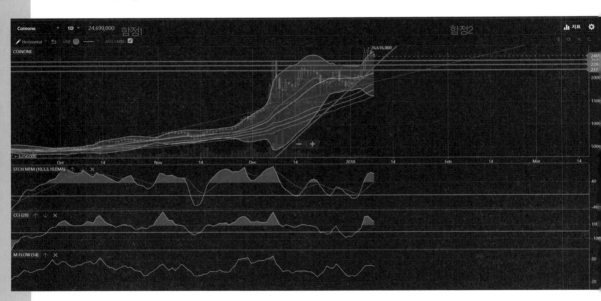

해설

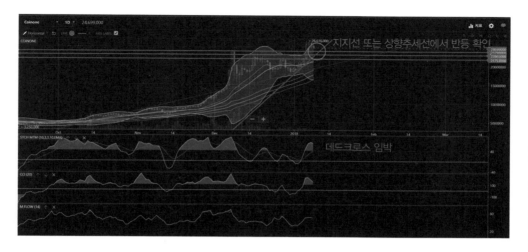

　스토캐스틱 모멘텀 지표는 과매수 구간(지표값 40 이상)이다. 여기서 지표
의 데드크로스가 임박해 있다. 현금 포지션이라면 가격의 하락이 시작되었으
므로 조정이 올 수 있다. 그럴 경우 지지선 또는 상향추세선에서 반등하는지
확인하고 진입하는 것이 정석이다.

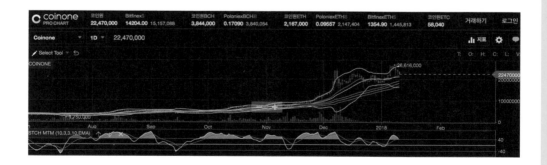

결과는 다음과 같다. 조정을 넘어 상승추세선을 이탈하였으므로 매도하였다면 원칙에 맞는 좋은 거래를 했다고 볼 수 있다.

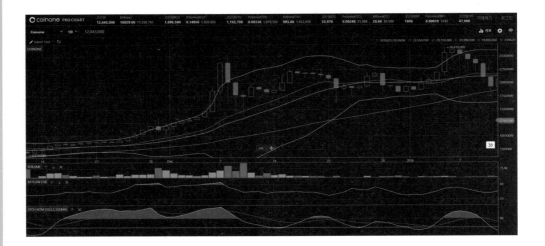

실전예제
③

Q. Bitfinex의 이더리움클래식 차트가 아래와 같다. 현재 시점에서 이더리

움클래식의 가격흐름을 예상해보자.

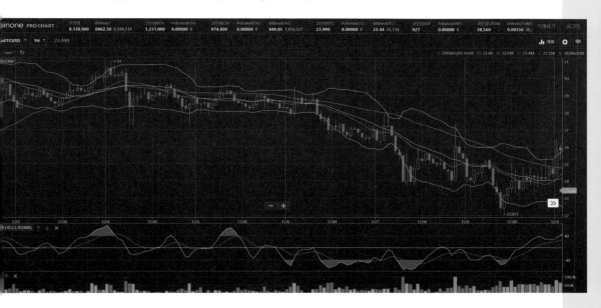

해설

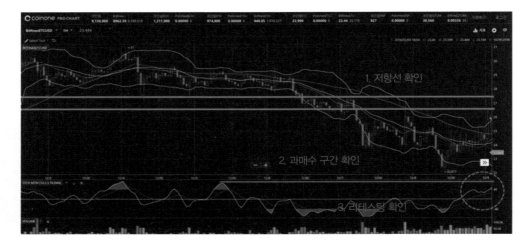

　　가장먼저 가격이 오르고 있으므로 저항선을 확인한다. 두 번째로 STCH
MTM의 지표 수치를 확인하면 과매수 구간에 진입함을 확인할 수 있다. 세
번째로 스토캐스틱이 리테스팅을 보여준다. 따라서 상승여지가 좀 더 남아있
다고 판단할 수 있다.

해설

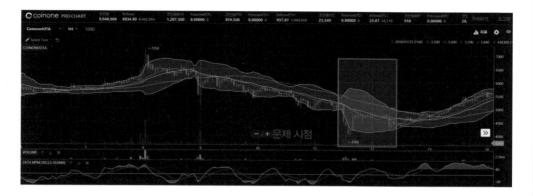

결과를 확인하자. 스토캐스틱이 과매수구간에 돌입하였고 하락 시작 전
가격을 넘어 반등하였다.

03

크맨타이밍을 잡아라!

다이버전스를 이용한 매매

가장 강력한 매수시그널

• 전저점에서 가격과 지표의 반등을 확인한다

• 두 번째 바닥을 그리며 오르는 순간이 매수타이밍

• 추세선, 지지선, 저항선과 함께 활용한다

• STCH MTM, CCI , MFI 중 2개 이상 다이버전스 시 매수

• 초단타는 1분봉 다이버전스로도 진입하지만, 확실한 진입을 위해 1분봉~
1시간봉의 흐름을 확인 후 매수하는 것이 안전

지표나 가격의 흐름이 서로 역행하는 경우 'price reversal'이라고 한다. 아래의 내용도 이 price reversal 중 특정 케이스에 나타나는 현상을 포착해서

매매하는 방법이다. 크맨타이밍은 예전에 활동하던 당시 같이 하던 트레이더들이 붙여준 명칭이었다.

개인적으로 매매에 조금 더 확신을 가지고 움직이는 여러 케이스가 있다. 어느 정도 경력이나 성과를 갖고 있는 트레이더들은 대부분 자신만의 타이밍이 있을 것이다. 나는 아래의 상황이 순차적으로 보일 때 높은 승률로 매매를 해왔었다. 시간이 지나서 맞지 않는지 의구심이 들 수도 있어서 이번 개정 시에도 최근 상승 차트 사례를 뒤에 수록했으니 참고하길 바란다.

다이버전스는 발견만 할 줄 안다면 매매의 재미를 높이고 안정적으로 트레이딩을 할 수 있는데, 침체장이나 횡보장에서는 보기 어렵고 어느 정도 변동성을 가진 상황의 장에서 볼 수 있다. 다이버전스와 함께 지지선, 저항선 그리고 다른 지표들의 과매수와 과매도 정도를 참고할 때 승률을 높일 수 있다.

상승전환 다이버전스

다이버전스(divergence)는 주식과 가상화폐 차트에서 가격과 지표가 반대로 움직이는 것을 말한다. 아래 그림은 가격 상승이 예상되는 다이버전스의 예시들이다. 일반강세 다이버전스(regular bullish divergence)는 추세전환을 나타낸다. 히든강세 다이버전스(hidden bullish divergence)는 추가상승을 나타내고 일반강세 다이버전스보다 더 강한 추세를 나타낸다.

내가 매수할 때 주로 확인하는 과장강세 다이버전스(exaggerated bullish divergence)는 가격이 떨어지는 하락장에서 저점을 높인다. 이때 지표의 저점도 높아지면서, 가파른 상승전환이 나타나게 된다. CCI, STCH MTM, MFI

중 두 지표 이상 과장강세 다이버전스가 나타날 경우 매수를 고려한다. 차트 상에서 1분봉, 15분봉, 1시간봉이 모두 과장강세 다이버전스를 보일수록 강한 추세전환을 기대할 수 있다. 1분봉에서만 다이버전스가 나타날 경우 일시 반등만 기대하고 낮은 목표가로 매도한다.

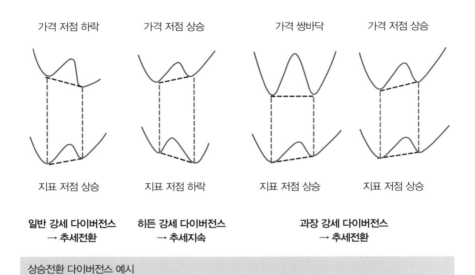

상승전환 다이버전스 예시

타이밍 잡기

① 매수타이밍(현금 포지션에서 매수 시 고려)

가장 가까운 전저점을 지키면서 다이버전스 시 두 번째 바닥을 터치하는 순간이 매수타이밍이다. 전저점을 지지하는 순간, 즉 다이버전스를 확인하며 매수하는 순간 높은 승률을 가져갈 수 있다. 나와 함께한 트레이더들은 이것을 '크맨타이밍'이라 불렀다.

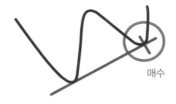

매수

두번째 바닥 찍을 때 매수

크맨타이밍

크맨타이밍을 다시 정리해보자. 매수시그널을 확인할 때 가장 중요한 것은 지지선의 확인이다. 이후 추세선 이탈, 다이버전스 확인, 골든크로스가 순서대로 확인되면 가장 좋은 매수시그널이 된다. 하지만 단기거래를 할 경우는 추세선 이탈, 다이버전스 확인, 골든크로스 중 한두 가지만 확인해도 좋은 매수타이밍이 될 수 있다.

매수타이밍을 노리는 것은 좋은데 초심자라면 추가적으로 신경 써야 할 것들이 있다. 먼저, 언제 스탑로스(손절)을 하고 어디까지 목표를 잡을지이다.

1분봉에서만 짧게 나오면 기대수익이 적다. 그럼에도 불구하고 호가 몇 구간만 수익을 보고 나온다고 하면 소액으로 연습해볼 만하다. 반면 특정 타임프레임에선 지지라인이고 조금 더 넓은 타임프레임에서는 크맨타이밍이라면? 조금 더 공격적으로 목표가를 잡아보고 전저점이 약간 아래로 뚫리더라도 손절을 조금 더 유연하게 잡으며(지지라인에서 약간 뚫려도 다음 강한 지지선이 가깝기 때문에 손해가 크지 않다는 판단이 든다면) 대응해보자.

다음은 2024년 3월 6일 오후 12시 36분 차트이다. 비트코인은 9700만원
대에서 가격 조정이 이뤄졌고 오전에 추가하락이 이어지던 상황이었다. 아래
두 사진은 어느 시점일까? 다이버전스를 확인한 시점이 약간 지난 상황이다.
즉, 아래 두 차트를 보고 1시간봉의 골든크로스까지 확인하고 매매하려면
'늦는다.' 1시간봉에서 다이버전스가 보일 여지(CCI, 스토캐스틱)가 있었다면
더 짧은 봉에서 상승시그널을 보고 움직여야 했다. 즉 비트코인캐시나 이더
리움 모두 6일 5~6시경의 최저점을 손절점으로 매매를 노려야 한다.

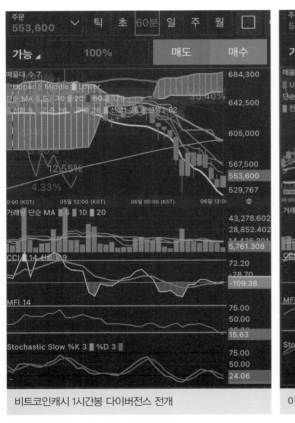

비트코인캐시 1시간봉 다이버전스 전개

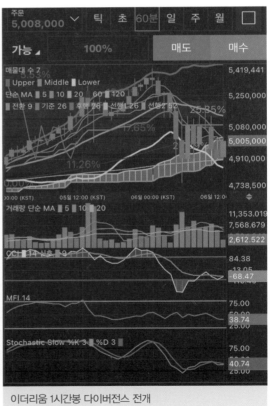

이더리움 1시간봉 다이버전스 전개

이후 같은 날 오후 6시 46분 차트 흐름을 보면 반등이 일어난 것을 볼 수 있다. 여기서 초기 하락대비 피보나치 되돌림, 하락직전 고점의 저항선 등을 목표로 삼았다면 매도시점이 될 수 있고 더 넓은 타임프레임에서 강한 반등 신호를 봤거나 대세상승을 확인했다면 더 홀딩할 수 있을 것이다. 타임프레임에 따라 매수 시그널 이후 매도시그널은 수분에서 수일이 걸릴 수 있는 점을 기억하자.

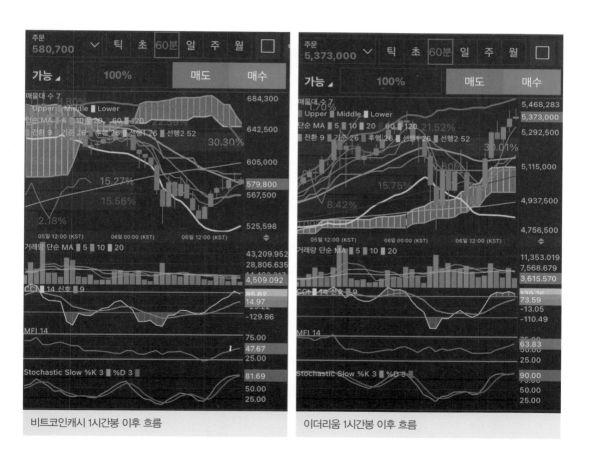

비트코인캐시 1시간봉 이후 흐름

이더리움 1시간봉 이후 흐름

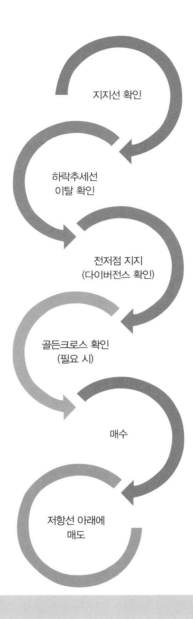

지지선 확인

하락추세선
이탈 확인

전저점 지지
(다이버전스 확인)

골든크로스 확인
(필요 시)

매수

저항선 아래에
매도

크맨타이밍

② 손절타이밍

매수 이후 전저점 이탈 시 손절한다. 전저점이 다시 뚫리는 경우는 1. 계단식 하락장 2. 과도한 프리미엄으로 인해 가격이 하락 시 전저점을 지지하지 못하는 경우가 있다. 가상화폐 시장이 과열됐던 2017년 6월, 2017년 12월에 가격 조정이 오면서 한국 차트만 전저점을 지지하지 못하며 떨어졌다. 2021년 4월과 2021년 12월 같은 양상이 이어졌다. 2024년 이후에도 비슷한 과열장이 다시 오게 된 후 다시 거품이 빠지는 양상으로 진행 시 유의해야 한다. 따라서 전저점을 지지하는지를 확인하는 것이 수익률을 올리는 지름길이다.

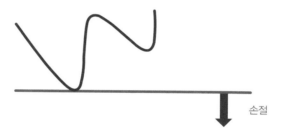

지지선 이탈 시 손절

크맨 타이밍

하락전환 다이버전스(코인홀딩 포지션에서 매도 시 고려)

다이버전스(Divergence)란 앞서 말했던 매수시그널의 다이버전스와 같은 개념이다. 가격이 오르는데 지표가 떨어질 경우 혹은 가격은 내려가는데 지표는 오를 경우를 다이버전스라 한다. 일반 약세 다이버전스와 과장약세 다이버전스는 상승에서 하락추세 전환을 암시하고, 히든약세 다이버전스는 하락추세가 지속됨을 알려준다. 자주 사용하는, 매도 시 주로 확인하는 약세 다이버전스(bearish divergence)는 가격의 고점은 상승하는데 지표의 고점은 낮아지는 특징을 보인다.

하지만 코인판에서 매수시그널보다는 확률이 떨어진다. 전고점에 다가갈 경우 투자자들의 '기대심리'가 붙기 때문이다. 이에 안정적인 투자를 위해서는 전고점을 넘는지 확인하는 것이 더 중요하다.

앞서 설명한 차트 패턴 중 하나인 머리어깨형과 M형은 좋은 매도시그널이 된다. 상승추세선 이탈 시 매도는 주식에서 정석과 같은데 코인판에서도 역시 적용된다. 다만 단순 추세선 이탈만으로 거래할 경우 수익률이 적다.

지표의 꺾임은 좋은 매도시그널이 된다. 보조지표들 중 2개 이상 지표가 고점을 찍고, 아래로 꺾이는 경우 매도를 고려하자.

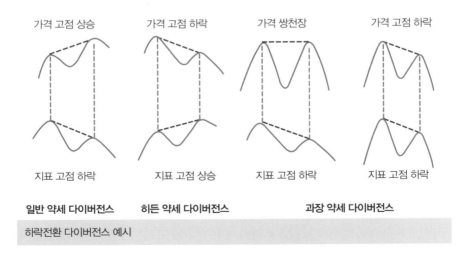

하락전환 다이버전스 예시

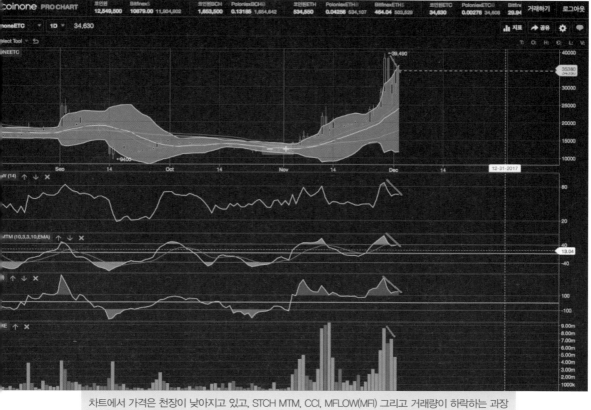

차트에서 가격은 천장이 낮아지고 있고, STCH MTM, CCI, MFLOW(MFI) 그리고 거래량이 하락하는 과장 약세 다이버전스를 보이고 있다.

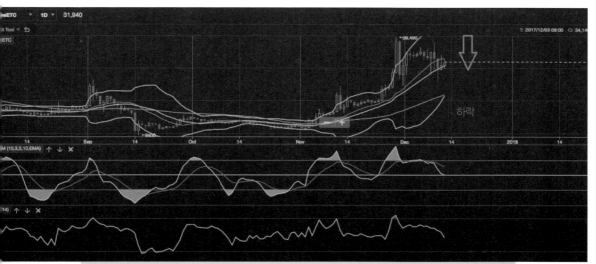

그 결과 가격은 하락했다.

다이버전스 포착 시 주의사항
- 두 번째 저점을 확인하는 과정이 가파르다면 주의하자
- 시점에 따라서 두 번째 지지를 기다리다 바로 반등이 일어날 수 있다
- 계단식 하락장을 제일 주의하자

크맨타이밍을 포함한 다이버전스 포착 시 주의해야 할 점들이다. 매매를 하다가 '다이버전스인데 내리는데?' 라고 생각하기 전에 내가 놓친 부분이 없는지 봐야 한다. 먼저 짧은 타임프레임(1, 5, 15분)에서의 상승전환의 과장강세 다이버전스를 발견했으나, 더 긴 타임프레임에서 아래와 같이 볼린저밴드를 타고 가파르게 재하락이 이어질 때(4시간봉)는 큰 흐름에서 하락이 이어질 수 있는 점을 명심하고 타점을 짧게 잡아야 한다. 볼린저밴드를 타고 흐르지 않더라도 W를(두 번째 저점을) 만드는 과정이 가파른 경우에도 주의해야 한다. 정량화할 수는 없지만 V가 두 개 이어져서 W 모양이 되는데 이 V의 내부 각도가 30도 이하로 가파르다면 다이버전스 확증이 떨어진다. 책의 다른 예제처럼 하락 및 재하락의 경사가 완만할 때 확률이 높다.

두 번째는 긴 타임프레임에서 모두 상승 시그널이 나와 있는 상황에서 두 번째 저점을 확인하지 않고 바로 반등할 수 있는 케이스도 있다. 이런 경우는 첫 하락 시 지지선이 매우 강하거나 과매도가 너무 강해서 그 반발력으로 두 번째 저점을 만들지 않고 바로 반등해서 상승을 이어가는 경우이다. 상승 초기거나 과열이 되기 전 상승장에서 나타날 수 있다. 비유를 하자면 바로 앞

신호등은 빨간불인데(짧은 봉) 뒤의 2, 3, 4번째 신호등은 파란불이 켜진 상황인 것이다.

마지막으로 계단식 하락장이다. 계단식 하락장은 과열된 상승장 이후(해당장에서 최고점 형성 후) 큰 낙폭의 하락을 겪고 나서 이후에 직전 고점을 탈환하지 못하며 내리는 시기를 말한다. 차트 형태로 본다면 상승쐐기 형태 이후 차트상 직전 고점을 넘지 못하고 장대음봉으로 내리거나 쐐기까지는 아니지만 저점은 높아지고(고점은 상황에 따라 다름) 하락추세선을 형성했는데 하락추세선을 여러 번 터치하며(3회 이상) 흘러내리는 경우에 해당된다.

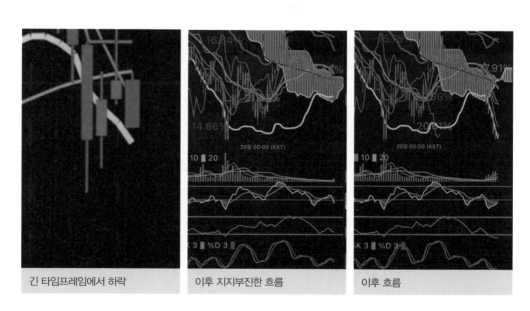

| 긴 타임프레임에서 하락 | 이후 지지부진한 흐름 | 이후 흐름 |

사진처럼 첫 지지 이후 짧은 타임프레임에서 다이버전스를 캐치했지만 최

소 15분봉 이상에서 이런 계단식 하락장의 흐름이면 기댓값이 좋지 않고 매수타점도 애매해지는 경우가 많으니 주의해야 한다.

사진처럼 두 번째 저점에서 매수했으나 상승이 지지부진한 경우 (사진에서는 일목균형표+볼린저밴드 저항에 막힘)까지 코인을 홀딩하고 있었다면 목표가 설정이 잘못되었을 가능성이 높다. 이후 흐름은 다시 저점테스트 또는 타고 흘러내릴 가능성을 염두해야 한다.

참고로 계단식 하락장의 끝은 보통 추가로 장대음봉의 공포를 만든 후 그 직전에 가격을 말아올리는 경우와 강한 장대음봉에 투매까지 나온 후 한 번에 V자 반등을 하는 경우가 꽤 있었다.

계단식 하락이 시작되는 경우 제일 좋은 것은 매매 횟수를 줄이는 것이고 매매를 하고싶다면 첫 지지라인 파악을 잘 하고 첫 지지 시 매매하는 것이다. 그리고 조정없는 긴 상승장은 반등없는 긴 계단식 하락장을 만들어낸다. 가상화폐를 묻지마 매수한 후 돈을 다 날리는 구간이 바로 이 계단식 하락장이다. 개구리 구워삶듯 반등의 희망을 주며 야금야금 자산을 갉아먹는다. 그래서 매매에 자신이 없다면 이 시기에는 포지션을 정리하고 관망하는 게 오히려 나을 수 있다.

마지막으로 주의할 점은 개별 차트 유형에 따라서, 혹은 특정 상황에는(역프리미엄, 계단식 하락장, 악재뉴스) 두 번째 지지라인이 생각보다 약간 더 아래로 뚫릴 수도 있다는 점이다. 아래 가장 왼쪽 차트는 2024년 3월 20일 오전

1시간봉 비트코인 차트이다. 왼쪽의 꼬리가 긴 장대음봉 기준으로 지표의 저점이 올라가려 하고 있고 가격은 저점을 향해 가고 있다. 완전한 장대음봉 이후 반등하여 온전한 W형태는 아니지만 현재가격과 직전 바닥(동그라미 부분)과 비교할 때 다이버전스를 '염두'할 수 있다. 염두라는 말이 중요한 것이 이후 흐름에서 다이버전스를 만들고 지지까지 하는 경계조건이 이뤄져야 매매를 고려할 수 있다는 것이다.

이후 사진을 보면 직전 저점에서 지지하며 다이버전스를 형성했다. 같은 시각 이더리움은 약간 더 저점이 뚫리고 반등하였다. 해당 상황은 비트코인이 저점을 지켰지만 그동안 가격상승 주도 코인이 저점을 지키고 먼저 반등해버리거나, 특정 코인이 가격을 지지하려는 움직임을 보일 때 다 같이 반등하기도 했다. 따라서 차트의 개형뿐 아니라 '경향'도 같이 파악하려는 자세가 중요함을 느꼈으리라 믿는다. 이때 종목선정은 초심자는 비트코인이나 가격 움직임이 덜한 코인을 고르고 추후 실력이 오른다면 낙폭이 크거나 가격을 주도하는 종목을 선정해볼 만할 것이다. 초심자가 고르게 되면 애매한 가격에 매수하고 애매한 가격에 매도해서 기댓값이 오히려 안 좋을 수 있다.

여담으로 바닥에서 반등을 할 때 차트를 찍어두려했는데 급한 일이 생겨 놓쳐버렸다. 독자 분들도 이런 경우(매매 타이밍 놓침)를 겪어보게 될 수 있다. 가장 좋은 것은 알람과 스마트워치를 활용하는 것이다. 바닥 인근에서 매수를 했다면 '이제 쭉 오르겠지'라는 생각 마시고 긴 타임프레임에서 대세 흐름은 상승인지 하락인지, 목표가는 몇%였는데 얼마나 왔는지, 또는 특정 저항선을 넘지 못하는데 매도할지 등의 판단을 해야 한다.

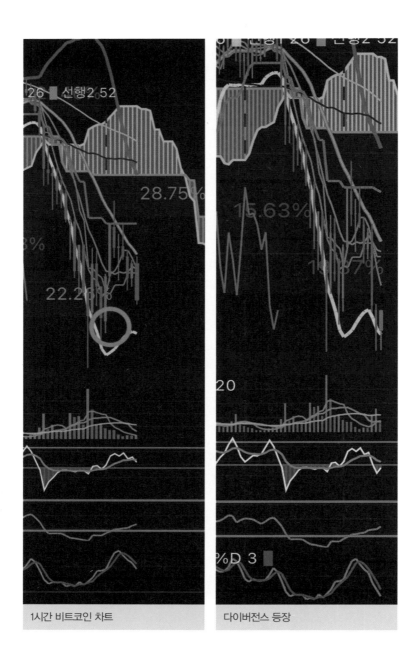

1시간 비트코인 차트

다이버전스 등장

144

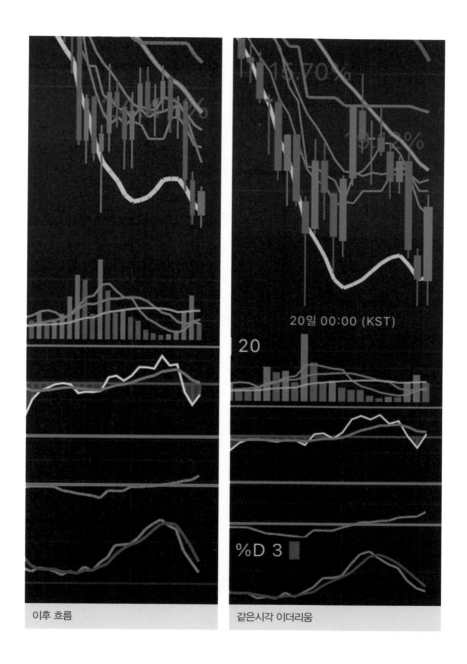

이후 흐름

같은시각 이더리움

20일 00:00 (KST)

Q. 이더리움 30분봉의 차트가 다음과 같다. 현재 시점에서 이더리움 홀더는

추가 매수를 준비해야 할까, 손절해야 할까?

업비트 이더리움 30분봉 차트(2017.12)

해설

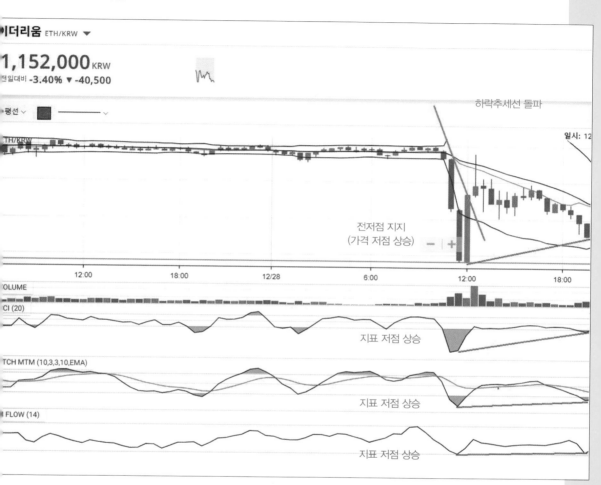

하락추세선 돌파 이후 전저점을 지지하려 하며, 모든 지표들의 저점이 상
승한다. 특히 문제에서 MFLOW 지표의 두 번째 바닥이 그려지고 오르고 있

다. 따라서 다이버전스를 확인할 수 있고, 손절보다는 추가 매수를 고려하는 것이 좋다. 결과를 확인해보자.

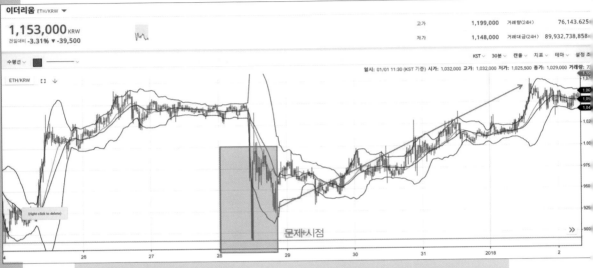

결과. 가격이 상승한 것을 확인할 수 있다.

실전예제 ❷

Q. 현금 포지션인 상태에서 거래소에 접속하니 차트가 다음과 같았다.

매수해야 할까, 지켜봐야 할까?(지지선은 아래와 같이 형성되어 있다.)

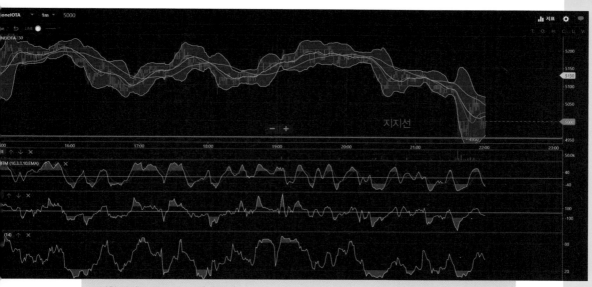

코인원 아이오타 1분봉 차트(2018.01)

해설

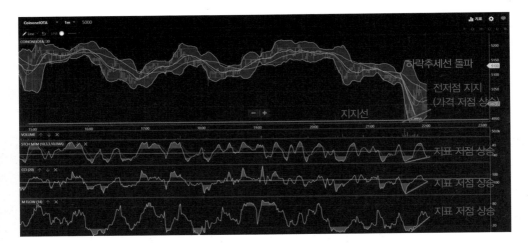

크맨타이밍을 확인해보자. ① 지지선을 확인한다. 지지선에서 튀어오르는 것을 확인할 수 있다. ② 하락추세선이 돌파되었다. ③ 두 번째 바닥을 형성하는지 확인한다.

그렇다면 지금 상황에서는 매수를 택하는 것이 맞을 것이다. 결과를 확인해보자.

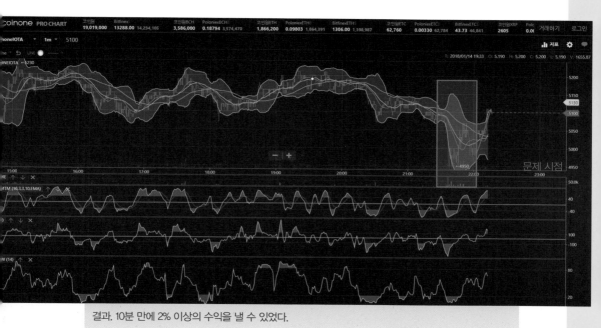

결과. 10분 만에 2% 이상의 수익을 낼 수 있었다.

Q. 비트코인의 주봉 차트는 다음과 같다. 비트코인의 이후 가격흐름을 차트
에 근거하여 예측해보자.

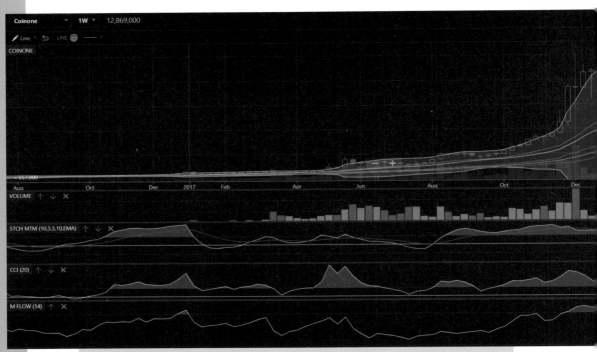

코인원 비트코인 주봉 차트(2018.01)

해설

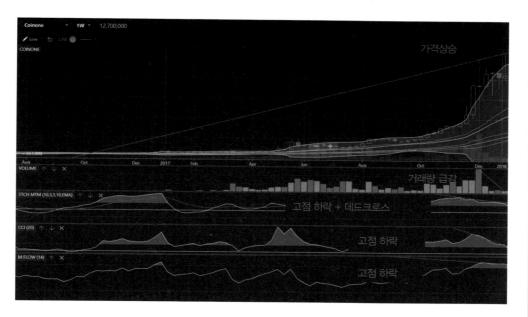

　가격은 신고점을 형성하였으나, 거래량과 3지표 모두 고점이 하락하는 것을 보여준다. 이러한 경우 바로 가격이 더 오를 여지는 적고 최소한 조정 내지 횡보를 예상할 수 있다.

결과를 알아보자.

물론 비트코인의 하락은 차트와 지표의 역배열도 있었지만 정부의 규제 관련 이슈와 2017년 11월부터 시작된 과열양상에 대한 조정도 있었다.

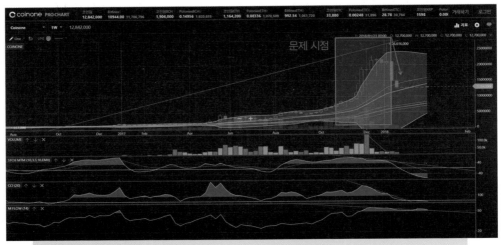

결과. 가격이 50% 이상 하락하였다

※주의사항

계속 강조하지만, 시장상황과 코인의 뉴스를 같이 주시해야 한다. 차트 공부가 잘되었다면 승률이 많이 오를 것이다. 하지만 시장상황을 간과한 채 거래하는 것은 눈 감고 운전하는 것과 같다. 항상 호재·악재와 시장상황도 함께 고려하자.

Q. 퀀텀코인의 1시간봉 차트가 다음과 같다. 현재 상황에서 퀀텀 일부와 현금 일부를 보유 중이라면 퀀텀을 추가 매수할지 혹은 분할 매도를 고려할지 판단해보자.(퀀텀은 약 1시간 뒤에 호재 발표를 앞두고 있었다.)

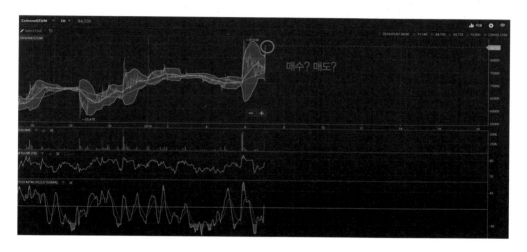

해설

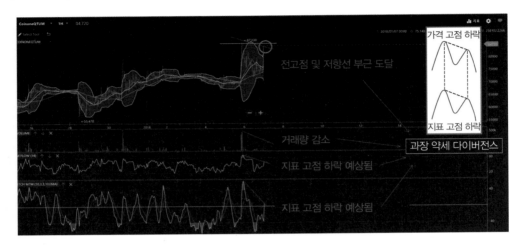

가격이 전고점에 다가가며 저항선 부근에 도달하고 있다. 저항선 부근에서 꺾일 경우 매도를 고려해야 한다. 추가적으로 거래량 및 STCH MTM 지표와 MFLOW 모두 고점의 하락이 예상되므로 하락추세의 전환인 과장약세 다이버전스라는 것을 알 수 있다. 이후 가격 변화를 확인해보자.

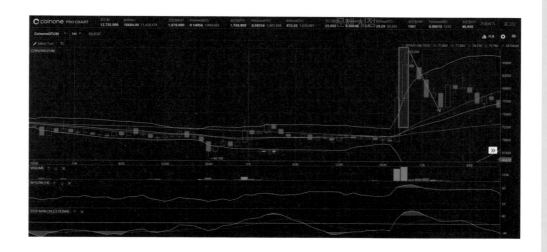

　하락을 확인할 수 있다. 호재 발표 시 기대감이 증폭될 경우 대부분 호재
발표 이후 하락한다는 점을 염두에 두면서 차트와 관계없이 분할 매도를 고
려할 수도 있음을 기억하자.

Q. 아이오타의 차트가 아래와 같다. 현재 시점에서 현금포지션일 경우 매수를 하는 것이 좋을까? 매수를 한다면 어디서 손절해야 하는 것이 좋을까?

해설

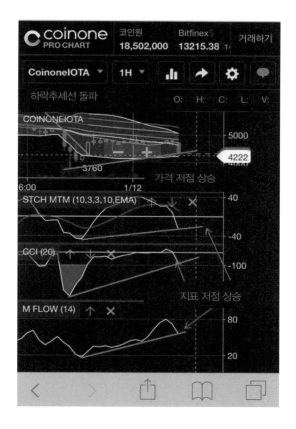

지지선이자 전저점을 먼저 확인하면 3,760원임을 확인 가능하다. 현재 가격에 비해 가격은 저점이 상승하려 하고 있고, 3개의 보조지표 역시 저점을 상승할 가능성이 높아지고 있다. 분할로 매수를 해볼만한 타이밍이고, 손절은 전저점이자 지지선인 3,760원을 아래로 돌파할 경우 손절타이밍이 된다. 결과를 확인하자.

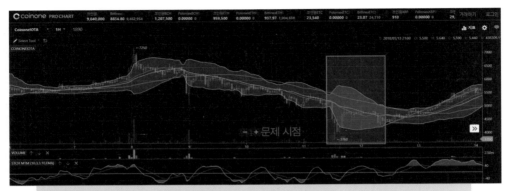

두 번 바닥을 터치한 후 반등을 보여줬다.

04

중급자부터 활용해볼 만한
보조지표 수치를 이용한 매매

횡보 또는 과열 시 적합
- 횡보장에서 보조지표의 과매도 값이 앞의 과매도 값만큼 내려갈 경우
  매수→이보다 더 내려갈(더 과매도가 될) 가능성이 적음을 의미
- 1시간봉 기준 과매도 상태에서 분할 매수
- 1시간봉 과매수 값이 전고점에 도달 시 분할 매도
- 보조지표 수치만으로 비교매매 하는 것은 승률이 떨어질 수 있기 때문에
  과거 유사 사례의 변동폭, 지표차이 등을 종합적으로 고려해야 한다.

앞의 추세선, 지지선, 저항선, 다이버전스의 방법만 정확히 숙지하고 있어
도 장 난이도가 높지 않은 상황에서 매매의 재미를 느낄 수 있을 것이다. 이

파트부터는 앞의 내용을 모두 파악한 상황에서 추가적으로 참고를 하기 위한 내용이다. 즉, 단순히 직전 지표값의 최대치로만 가지고 매매에 판단하면 어긋나는 상황을 자주 겪을 것이다.

과매도 상태에서는 가격이 더 내릴까봐 매수를 망설이는 경우가 많다. 이때 보조지표들과 몇 가지 시그널은 좋은 매수 기회를 포착하게 해준다.

횡보장에서 먼저 보조지표들의 값은 가격과 별개로 특정 구간에서 과매수와 과매도를 반복한다. 이때는 매수하려는 시점 전보다 과매도 수치를 본다. 직전 최대 과매도 값만큼 보조지표의 과매도 값이 내려와 있다면 매수를 고려한다. 과매도 값이 직전 최대치에 근접했다는 것은 더 과매도 되기 힘들다

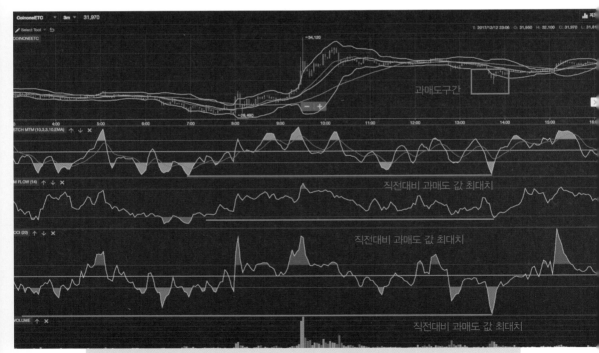

1시간봉에서 볼린저밴드 하단을 뚫고 나오는 강한 과매도상태의 가격은 직전 지지선을 고려하여 분할 매수하면 반등 시 수익실현이 가능하다.

는 것을 의미한다. 따라서 지지선을 체크하며 분할 매수를 고려한다.

특히 1시간봉 이상의 긴 차트 범위에서의 볼린저밴드를 뚫고 내려오는 강한 과매도는 좋은 매수타이밍이 된다. 이때에는 지지선을 체크하고 분할 매수를 하여 반등할 때 매도한다.

저점 매수도 중요하지만 더 중요한 것은 매도 시기다. 매도를 할 경우 바로 수익률과 직결되기 때문이다. 차트로 접근하면 과매수 상태일 때 매도하는 것은 누구나 알 것이다. 나는 과매수 직전 값을 보고 매도 시점을 판단한다. 특히 과열 양상 시 1시간봉 상으로 과매수 값은 좋은 매도시그널이 된다.

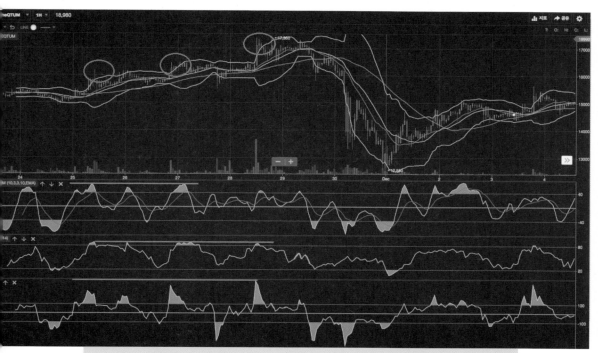

매도시그널 1시간봉 볼린저밴드를 뚫고 오르는 과매수 상태와 지표. 과매수 수치가 기존 대비 전고점에 접근하면 좋은 매도시그널이 된다.

Q. 현재 비트코인의 차트가 아래와 같다. 현재 상황에서 단기 가격흐름을 예상해보자.

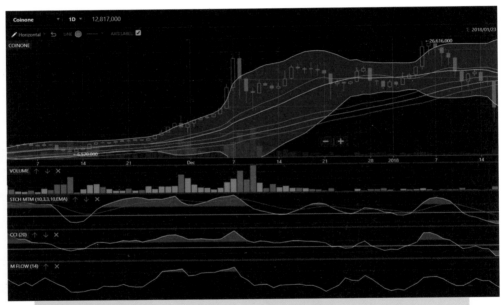

코인원 비트코인 일봉(2018.01)

해설

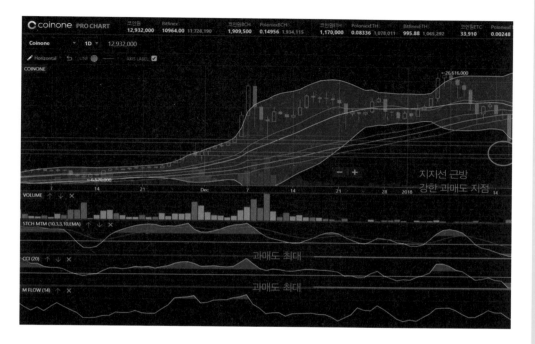

먼저 가격이 하락하고 있기에 어디까지 내릴지 지지선을 그려보면 지지선 부근에 도달하고 있음을 확인할 수 있다. 또한 STCH MTM과 CCI 과매도 값이 직전 대비하여 최대치임을 알 수 있다. 따라서 단기 반등을 예상할 수 있었다.

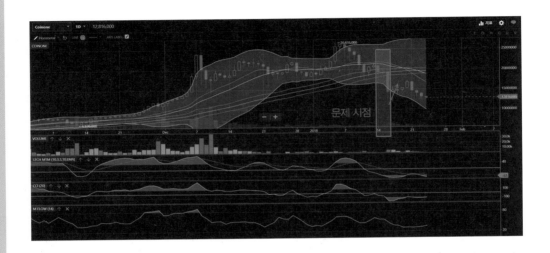

　과연 이후 상황은 어떻게 변했을까? 결과를 알아보자. 가격이 잠시 볼린저
밴드 안으로 돌아오며 반등하였다.

Q. 다음은 비트코인 차트이다. 지표의 수치를 이용하여 박스권에서 매수타
이밍과 매도타이밍을 확인해보자. 지표는 위에서부터, 바차트, 거래량,
STCH MTM, CCI, MFLOW 순으로 나타난다.

업비트 비트코인 차트(2018.01)

해설

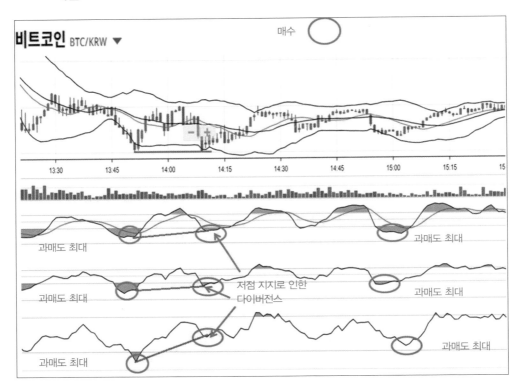

첫 번째 매수 구간은 13:50에 나타난다. 과매도 수치가 직전과 비교하여 최대치로 나타나고 있다. 지지선을 고려하여 분할로 매수한다. 매수를 못하였는데 가격이 올랐다면 욕심내지 말고 떠나보내자. 기회는 또 온다.

그다음 매수 구간은 14:10이다. 직전 전저점을 W형태로 지지하며 다이버전스를 그리고 있다.

마지막은 15:00 부근이다. 3지표 모두 직전대비 과매도 수치가 최대에 가깝다. 추가적으로 볼린저밴드 하단이면서, 박스권 가격대면서 하단부이므로 매수한다.

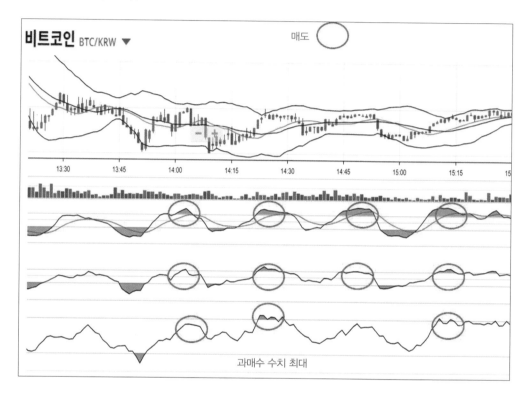

첫 번째 매도 구간은 14:00분에 나타난다. 과매수 수치가 직전 대비 최대치를 나타낸다.

그 이후 14:20, 14:50, 15:15에서 과매수 수치가 최대치로 박스권에서 매도하기 좋은 타이밍이다.

Q. bitfinex의 비트코인 차트가 아래와 같다. 현재 상황에서 가격흐름을 예
상해보자.

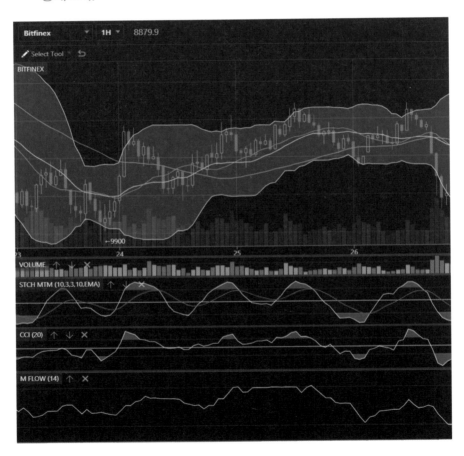

해설

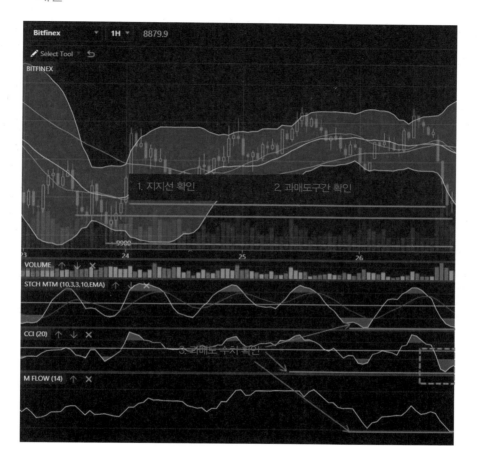

먼저 가격이 내리는 추세이므로 더 내릴 경우를 대비해 지지선을 확인한다. 볼린저밴드상 밴드 하단을 강하게 돌파한 과매도 구간임을 확인할 수 있다. 그다음 과매도 수치들을 확인해보자. 직전대비 최대치를 보여주고 있다. 추가적으로 CCI지표는(빨간점선 네모구간) 가격과 다이버전스를 보여준다.

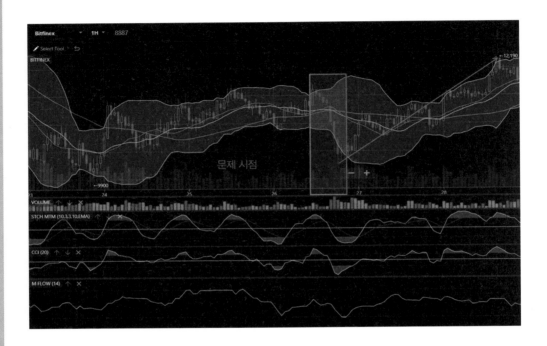

결과를 확인해보자. 반등을 예상할 수 있었고, 현금포지션이라면 매수할
만한 타이밍에, 코인홀더는 손절보다는 홀딩해야 하는 시점이었다. 가격이
반등함을 확인할 수 있다.

05

시장의 흐름을 알아야
거래대상이 보인다

차트 추종 기초

특정 거래소 주도를 확인할 때

- 스캘퍼, 데이트레이더 또는 매매를 하고 있는 순간에 활용 가능
- 직접적인 매매 방법으로 쓰기보다 보조적인 매매법으로 활용
- 어느 거래소가 주도하는지 확인한다
- 주도하는 거래소의 흐름을 보며 매매한다
- 추종만으로 매매를 하지 않는다. 전고점, 전저점 갱신 또는 가격의 흐름을
  참고하는 방법으로 활용한다
- 뒤늦은 추격 매수는 손해를 유발할 수 있다

이 파트의 내용은 차트보다는 종목선정과 매매에 대한 이야기를 다룬다.

추종매매는 장의 난이도가 쉬울 때만 가능하기 때문에 주 매매법으로 삼을

수 없다. 하지만 가격을 주도하는 코인이 매번 생기고 가격상승의 메타가 존재하는 상승장에서는 특정코인의 상승이나 조정을 바탕으로 타 코인으로 자금이동이나 자신이 매매하는 코인의 매수세, 반등세를 참고할 수 있다.

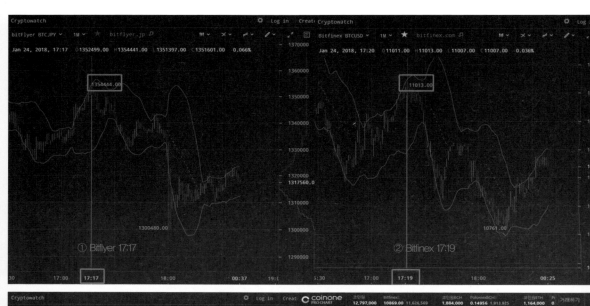

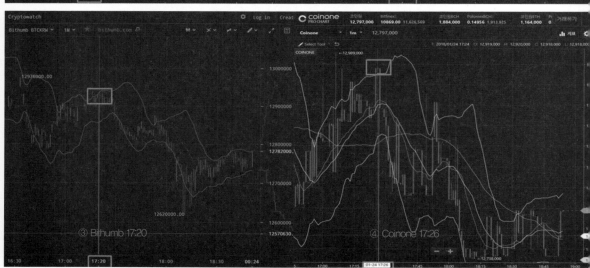

단기적으로 차트를 추종하는 매매는 지금은 유용한 방법은 아니지만, 기본적인 상승장이나 하락장의 트렌드를 파악하는 데 도움이 되기 때문에 알아두면 좋다. 즉, 자금의 흐름은 어디로 가고 있고 하락 시 내가 매매하려는 코인의 반등폭은 상대적으로 어떻게 다르며, 일이 바빠서 한 발 늦었을 때 뒤늦게나마 매매할 수 있는 다른 형제코인을 선택하는 데 도움이 될 수 있다.

과거에는 가격 추종을 빠르게 이용하여 스캘핑을 하는 경우도 종종 있었지만, 지금은 거의 사라졌다. 하지만 특정 코인들의 가격견인을 파악하기 위해 종목 선정에 대해 이야기해보겠다.

특정 코인이 특정 국가의 특정 거래소에서 가격을 주도할 때는 같은 메타거나 차트가 비슷한 코인을 찾아서 상승전환 흐름이 보일 때 매수하고, 고점을 찍고 내릴 때 매도하는 방식으로 추종거래를 할 수 있다.

추종을 통한 매매 방법은 누군가에게 제일 쉬운 방법일 수도 있지만, 손해를 유발하기 쉬운 방법이다. 또한 스윙투자자, 장기투자자보다 스캘퍼, 데이트레이더에게는 적합하다. 중장기 투자자라도 매매타이밍을 잡기 위하여 차트를 보고 있을 때는 참고할 수 있다.

왼쪽 그림에서 예시한 Bitflyer, Bitfinex, Bitthumb, Coinone 4개 거래소의 비트코인 차트를 보면 가격흐름은 동일한데, 고점을 찍고 내리는 시간에 차이가 있음을 확인할 수 있다. 가장 먼저 일본 Bitflyer 거래소에서 17분에 고점을 찍고 가격이 내려왔다. 이후 홍콩의 Bitfinex, 한국의 빗썸, 코인원 순으로 가격반응이 왔다. 만약 코인원 거래소를 이용한다면 비트코인 차트와 같은 비슷한 코인을 찾아서 상승전환 흐름이 보일 때 매수하고, 고점을 찍고 내릴 때 매도하는 방식으로 추종거래를 할 수 있다.

해외에서 가격이 올라 전고점을 뚫는다 해서 뒤늦게 추격 매수하거나 추가

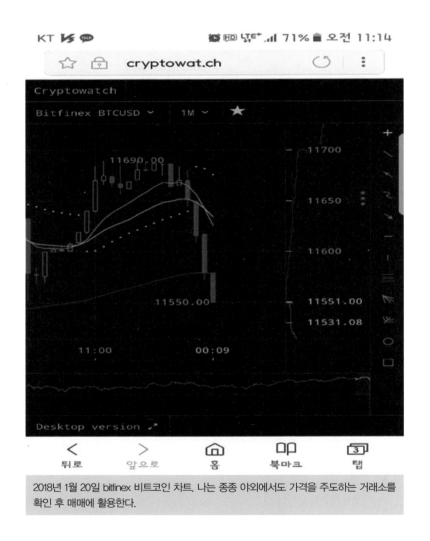

2018년 1월 20일 bitfinex 비트코인 차트. 나는 종종 야외에서도 가격을 주도하는 거래소를 확인 후 매매에 활용한다.

매수를 하는 것은 위험하다. 위의 네 거래소의 차트 흐름은 비슷해도 고점과 저점을 형성하는 구간이 약간씩 다른 것을 보면 알 수 있다. 이러한 추종매매는 매수·매도타이밍에 확신을 가진 상태에서 추가적인 확증을 하는 도구로 사용하는 것이 좋다.

무작정 '해외에서 전고점 뚫었으니 올라간다'가 아니라 '해외에서 전고점을 뚫었는데 한국은 어떨까?'라고 생각하고 거래하는 것이 좋다.

내가 처음 가상화폐를 시작한 2017년 5월까지만 하더라도 이러한 추종매매를 굉장히 쉽게 할 수 있었다. 당시 전 세계 거래량 1등이었던 폴로닉스(Poloniex)거래소에서 가격이 오르며 양봉이 나오면 뒤이어 한국 거래소에서도 정직하게 올랐고, 폴로닉스의 가격이 고점을 찍고 내리면 1~5초 뒤에 한국 거래소들도 가격이 떨어졌다. 이후 장이 과열되며 이러한 추종 매매에도 변화가 생겼다. 한국 코인 가격에 프리미엄이 붙거나 역프리미엄이 붙으면서 차트의 등락이 강해지기도 했다.

따라서 해외 거래소의 시세를 확인을 하면서 프리미엄을 확인하는 것도 중요하다. 프리미엄이 과도하게 형성된 경우 하락 시 해외 차트는 전저점을 유지하는데, 한국 차트는 저점을 지키지 못하고 하락할 수 있기 때문이다. 흐름을 따라가기 힘든 경우에는 전고점, 전저점을 갱신하는지 여부를 확인한다.

다시 한번 강조한다. 이 방법으로만 거래하면 나를 원망할 것이지만, 2장의 다른 방법들을 활용하며 추가적으로 활용한다면 좋은 참고사항이 될 것이다.

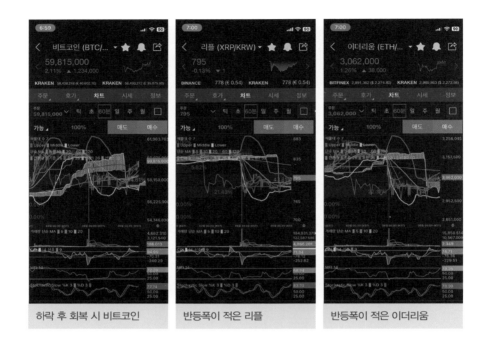

하락 후 회복 시 비트코인   반등폭이 적은 리플   반등폭이 적은 이더리움

상황에 따른 가격주도 종목의 변화

회복 시 회복탄력성은 비트코인이 일반적으로 좋다. 단, 특정 종목의 상승주도 장에서 비트코인 조정으로 인해 함께 가격 조정을 받는 경우에는 다시 상승주도 코인이 더 큰 반등을 보일수 있다. 또한 순환상승이 이뤄지는 장에서는 상승주도 코인과 유사한 계열의 형제코인이나 다른 코인이 상승을 이끌 수 있다. 이런 테마형 상승에는 시총 규모가 큰 메이저코인, 특정 국가의 선호 종목, 발행 종류에 따른 분류, 이름이 비슷한 경우, 최근에 상장한 종목 등으로 테마가 구분될 수 있다.

종목 선정 과정

기본적으로 초심자, 경력자라도 그동안 수익률이 시장 상승분보다 낮은 트레이더의 경우에는 선물, 시총이 낮거나 상장한 지 얼마 되지 않은 알트코인 등은 삼가야 한다. 시총이 높은 코인을 제대로 매매하고 그 과정에서 실력을 쌓는 것이 최우선이다.

상승장의 경우에는 상승장 초기에는 초심자일수록 길게 홀딩하는 것이 좋다. 상승장 초기라고 판단이 되는 경우는 여러 사례가 있지만, 예시를 하나 들자면 긴 하락장과 무관심 속 침체장 이후 비트코인을 비롯한 알트코인이 첫 순환매를 보인다면 상승장 초기로 판단할 수 있다(물론 단기간 이슈로 인한 상승과 소멸로 상승장 초기가 아닐 수 있다). 이후 두 번째 상승 구간에서 매수를 하고 길게 홀딩하며 저항선 구간에서 매도하고 피보나치 되돌림, 지표, 지지선, 보조지표 등을 활용해 다시 지지받는 구간에서 개수를 늘리는 것을 시도해본다. 매매 실력에 따라서 보유한 코인의 10%, 30%, 50%, 70%를 매도하고 시도하는데, 초심자거나 수익률이 그동안 좋지 않았다면 10%만 시도한다. 뒤늦게 매수시기를 보는 경우에는 시장주도 코인보다는 상승 메타 속 아직 차례가 오지 않은 종목을 선정한다.

상승 순환매 상황에서 종목선정을 할 때는 이미 호재가 알려져 있어서 선반영된 케이스 보다는(이미 저점에서 매수한 경우 제외) 해당 코인 상승 이후 자금이 몰릴 것으로 예상되는 리스트업을 해서 형제코인이나 다른 코인을 고르는 것이 더 유리할 수 있다.

상승직후 하락장의 경우에는 초심자나, 매매실력이 뛰어나지 않은 경우에는 무리하게 타점을 잡으려 하지 말고 기록관찰을 하거나 관망하는 것이 좋다. 매매 실력에 자신이 있다면 하락추세 다이버전스, 급락 이후 데드캣을 노리고 하락폭이 큰 종목을 선택해 단기 반등만 한 턴을 수익 내고 나오는 걸 목표할 수 있다. 이때는 기존 지지선, 하락추세선, 과매도 지표 수치 등을 다양하게 보고 종합해야 한다.

횡보장, 침체장의 경우에는 변동성이 작기 때문에 거래량도 적어서 소액으로 연습하기에 좋다. 이때는 투자금을 늘리지 않는 상황에서 초심자는 매매 빈도를 높여볼 수 있다. 종목은 이 때는 이슈성 종목만 제외하고 폭넓게 매매 해볼 만하다.

횡보나 침체를 막 벗어난 경우에 이미 특정 코인이 선행해서 크게 오르는 경우에는 전고점 대비 하락폭이 큰, 즉 전고점까지 도달 시 수익률(가격 회복 시 수익률이 높은 종목)이 높은 고르는 것이 좋다. 하지만, 몇몇 코인은 순환장에서 가장 늦게 오르는 경우도 있으므로 직전 상승장의 추세에 관한 트렌드를 익혀두는 게 좋다.

예를 들면 2024년 1월에 비트코인 ETF 승인에 관한 기대감으로 상승이 나왔고, 그중 다음 ETF 기대감이 높은 이더리움, 이더리움 클래식의 상승이 두드러졌다. 1월 11일 전후로 이더리움클래식의 가격주도가 이어졌는데, 매매 타이밍을 놓친 경우에는 다른 알트코인을 확인하는 것이 좋았을 것이다. 1월 11일 오전 6시 32분의 비트코인캐시 주봉 차트는 다음과 같았다.

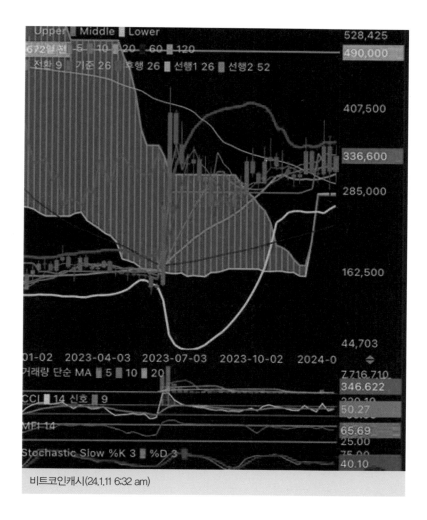

비트코인캐시(24.1.11 6:32 am)

많은 코인이 큰 상승을 이룬 직후였고 비트코인캐시는 연말부터 횡보중이었다. 지표적으로는 주봉상 골든크로스를 앞두고 있었고, 순환매가 이뤄진다면 다음 차례로 매매대상에 삼을 만했다.

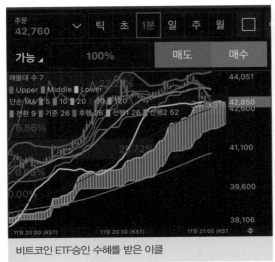

비트코인 ETF승인 수혜를 받은 이클

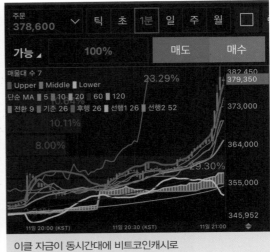

이클 자금이 동시간대에 비트코인캐시로

그리고 그날 저녁 9시에 이더리움클래식이 큰 상승 이후 가격 조정을 받자 바로 비트코인에스브이와 비트코인캐시로 순환매가 이뤄졌다. 횡보나 침체 직후에는 첫 상승분을 다 가져갈 수는 없지만 분석을 통해 2차상승분을 챙기는 것은 과거부터 가능한 방법이었다. 이런 경우는 지진에너지처럼 긴 에너지를 오래 축적하고 가격은 긴 수렴을 만든다.

이 글을 보는 초심자분이 어느 정도 실력이 올라온다면 종목선정 시 침체기 장투용, 상승기 스윙, 과열기 스캘핑을 고려하며 종목을 선정하게 될 것이다.

종목 선정과 디커플링

코인의 가격이 전반적으로 같은 움직임으로 오르고 내리는 것을 커플링이라 하고, 오를 때 다른 코인은 내리고, 내릴 때 다른 코인은 오르는 반대의 움직임을 디커플링이라고 한다. 커플링·디커플링은 단순히 차트의 형상만으로 매매타이밍을 확인하기 쉬운 장점이 있고, 진입 시기를 참고하거나 매매타이밍을 참고하기 좋다.

상승폭이 가장 좋은 코인의 매수타이밍을 놓친 경우 차트가 디커플링된 코인을 찾아보자. 상승폭이 좋은 코인이 조정이 올 때 반등이 올 것이고 좋은 매매타이밍이 될 것이다.

이런 디커플링 경향은 수일 동안 지속되기도 하고 당일메타로 순환매 중 해당 코인이 걸려서 하루 내에만 가격을 주도하며 디커플링 할 수도 있다. 따라서 디커플링 되는 코인의 조정 시기는 아직 숨죽이고 있던 타 코인들의 상승 시기가 될 수도 있다는 점을 염두해야 한다. 특정 메타의 지속성으로 인해 같은 메타를 가지는 타 코인의 상승이 될지, 해당 메타가 끝나고 다른 유형의 코인이 상승할지 파악을 잘 하면 차트 외적으로도 더 좋은 기대수익을 낼 수 있고 이는 2017년부터 책을 개정하는 현재까지도 유효하다고 할 수 있다.

06

어떤 종목이 오를지 보이는 시가총액차트를 활용한 매매

이 돈이 어디로 갈까?
- 시가총액의 전고점, 전저점 돌파에 주목하자
- 지지선, 저항선, 추세선을 시가총액 차트에 입히자
- 보조지표와 함께 매매 시 참고용으로 활용
- 시가총액 차트만으로 매매는 어렵지만, 상황에 따라서는 시가총액의 큰 변화로 인해 스윙 트레이딩의 종료나 추가 거래 시점을 알려주는 알람이 될 수도 있다.

시가총액의 흐름을 파악하는 것으로 가상화폐 시장에 자금이 얼마나 유입 되었는지 또는 시장유출로 이어지는 파악할 수 있다. 그리고 비트코인 도미넌스를 통해 자금이 알트코인으로 재분배되는지 파악하며 포트폴리오의 분배에 참고 가능하다.

시가총액이란 주식시장이 어느 정도의 규모를 가지고 있는가를 나타내는 지표이다. 코인판에서는 코인시장의 규모를 '가상화폐 발행량×가상화폐 가치'를 합하여 나타낸다.

시가총액의 차트에서 의외로 얻을 정보들이 많다. 먼저 시가총액이 신고점을 넘어 상승하는 경우 대세상승장을 기대할 수 있다. 이 경우 오르지 않은 코인들을 주목하면 상승 차례를 기다릴 수 있다.

반대로 시가총액이 전저점을 지지하지 못하고 내리는 경우 대세하락장 또는 조정장을 염두에 두어야 한다. 시가총액이 전저점을 뚫고 내리는 경우는 대부분 국가적인 규제가 벌어지거나 비트코인이 큰 악재를 만났을 때다.

시가총액의 추세를 확인할 때 앞에서 배운 지지선, 저항선 및 추세선을 활용한다. 시가총액차트는 1d, 7d를 주로 확인하며 중장기적인 추세를 볼 때에는 로그스케일(등비율) 차트도 함께 확인하자.

https://coinmarketcap.com/에서 시가총액에 관한 내용을 확인할 수 있다.

시가총액의 경우 시장 초창기에는 자금 유입의 신호로 유용하게 확인하는 지표 중 하나였다. 지금은 시가총액을 보면서 비트코인의 도미넌스를 함께 참고하는 것이 중요하다. 비트코인의 도미넌스란 전체 시가총액중 비트코인의 시가총액이 차지하는 비중을 말한다. 그동안 상승장이나 하락장에서 비트코인의 도미넌스가 급증하는 경우가 많았다. 큰 상승이나 하락 이후 다시 자산이 알트코인으로 이동하며 상승장에서는 순환상승을, 하락장에서는 btc마켓의 더 큰 하락을 불러왔었다. 이런 비트코인의 도미넌스를 일반 코인차트와 마찬가지로 추세선, 지지선, 저항선을 그리며 참고할 수 있다.

가상화폐 시장에서 흔히 말하는 '시즌종료'는 침체가 오기 전 대부분 인지한다. 과열 이후 자금의 이탈이 가속화되고 반등을 하더라도 사람들의 기대심리가 하락에 쏠려있는 경우이다. 이 때 시총의 변화가 감지되는 경우도 있다. 그래서 전반적인 시장의 자금 흐름을 알 수 있도록 과열이나 침체가 길어진다면 한 번 정도는 확인을 해야 한다.

실전예제
❶

Q. 아래는 같은 시점의 시가총액을 1d, 7d로 나타낸 차트이다. 시가총액의
흐름을 읽어보자.

Global Charts

Total Market Capitalization

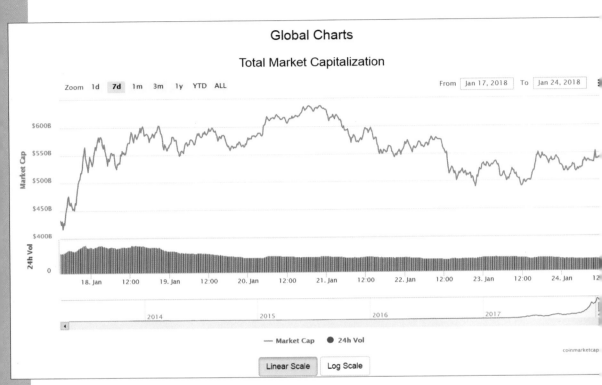

해설

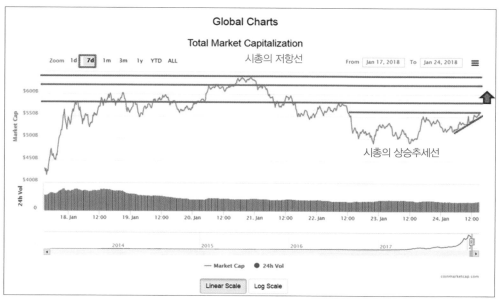

가격의 상승 흐름이 유사하지만, 1d의 차트에서는 시가총액의 상승추세가 유지되고 있는 반면 7d의 차트를 보면 시가총액이 조금 더 하락하더라도 추세가 유지됨을 확인할 수 있다. 회복되기 위해서는 7d 차트로 $570B 이상 회복되어야 전반적인 회복을 예상할 수 있다.

　예제이기 때문에 자세히 그렸지만, 실제로 매매를 하는 데 있어서 꼭 추세선이나 지지선 저항선을 긋지 않더라도 눈으로 흐름과 가격을 파악하고 있으면 충분하다. 도미넌스의 경우에도 같은 방법으로 확인해볼 것을 권장한다.

실전예제
❷

Q. 아래는 같은 시점의 시가총액을 1d, 3m로 나타낸 차트이다. 시가총액의
흐름을 읽어보자.

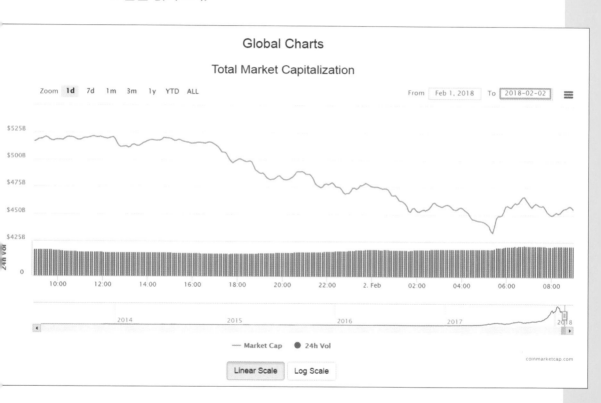

Global Charts

Total Market Capitalization

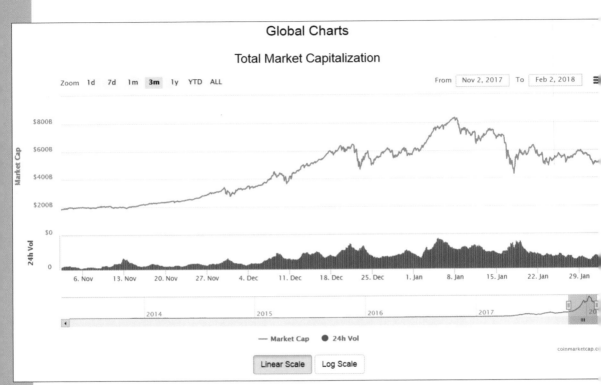

Zoom 1d 7d 1m **3m** 1y YTD ALL   From Nov 2, 2017 To Feb 2, 2018

— Market Cap   ● 24h Vol

[Linear Scale] [Log Scale]

coinmarketcap.co

해설

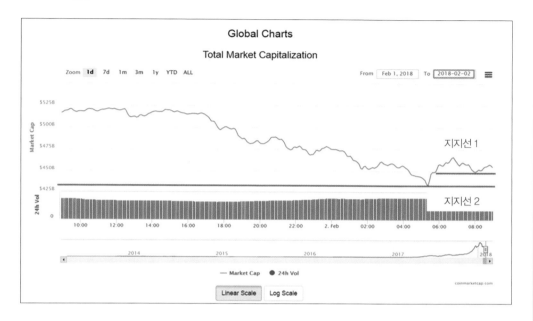

    시총이 하향추세를 나타내고 있다. 하향추세를 나타내고 있으므로 지금 시점에서 가장 가까운 지지선은 순서대로 지지선 1, 2를 나타낸다. 하지만 그 이하로 시총이 내릴 경우 확인이 힘들다. 따라서 범위를 넓힌 3m 시총으로 확인해보자.

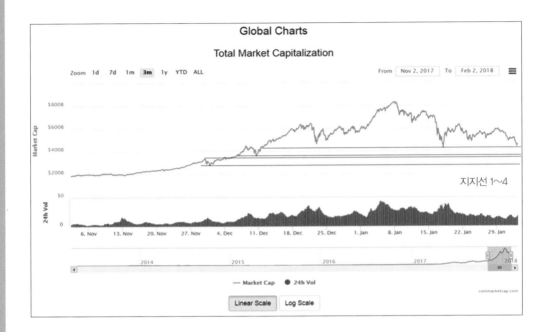

3m 시총으로 확인할 경우 $420B 구간부터 약 $300B 구간까지 지지선을 확인할 수 있다. 지지선, 저항선을 확인하는 방법은 바차트와 마찬가지로 가격대의 확인이 힘들 때 범위를 넓혀서 확인한다.

07

손은 눈보다 빠르다

호가창을 활용한 매매

근두운에 올라타는 손오공처럼
- 매수벽, 매도벽의 심리를 활용하자
- 손이 빨라야 가능하다
- 추종, 커플링 특징을 같이 활용한다
- 보조지표와 함께 매매 시 참고용으로 활용한다
- 수렴 후 가격변동 시 매매하는 데 활용
- 평소 손이 느리다면 금지
- 매매 시 가슴이 두근거린다면 매매금액을 많이 낮추거나 금지하고 스윙 투자를 할 것
- 순간의 집중력 저하가 생각보다 큰 손실을 불러일으킬 수 있다

호가창을 활용하는 매매는 초심자에게 적합하지 않다. 또한 평소 컴퓨터 활용이 느리거나 게임을 하는 손이 느리다면 손해만 유발할 수 있다. 하지만 이 책은 초심자를 위한 책이면서 다음 스텝을 궁금해할 분들을 위해 가볍게 소개한다. 호가창을 오가며 매매하는 자세한 기법은 다른 문헌을 참고하길 바란다. 호가창은 차트라고 볼 수는 없지만, 이 장에서는 실전에서 사용 가능한 매매 보조 팁을 소개한다. 스캘핑 투자자 또는 데이트레이딩 투자자에게 유효한 방법이다.

매수벽·매도벽을 활용한 매매 방법인데, 호가창에서 지정가로 걸어둔 매수량이 매수벽, 반대가 매도벽이다. 이것이 의미하는 바는 두 가지다. 매수벽이 받쳐준다는 것은 그 가격 이하로는 떨어지지 않는다는 기대심리가 포함되어 있다. 이런 특성 때문에 지지선이라고도 부른다. 하지만 거래량이 많은 투자자가 그 벽에 팔아버리면 가격이 하락할 수 있다.

매도벽은 이와 반대다. 상승세에서 매도벽이 가로막고 있을 때 매도 건 것을 치우거나 거래액이 많은 투자자가 사버리면 위로 치고 올라가게 되는데, 이것을 추세거래법이라고도 한다. 매수벽은 투자할 때 주의해야 한다. 허매수벽을 세워 개미투자자들을 매수하게 한 후 본인이 팔아버릴 수도 있기 때문이다. 반대로 매도벽을 통해 매집을 하는 경우도 있다.

대부분의 거래소들은 거래화면에서 간단한 바차트를 제공한다. 보조지표를 포함한 차트와 동시에 확인이 힘든 경우, 가격이 수렴된 후 방향성이 정해지는 경우 그리고 명확한 지지선·저항선에서 반등 또는 저항이 예상될 때 바차트를 활용하며 호가창에 걸려 있는 물량을 매수하거나 매도한다.

보조지표상 과매수 상태에서 가격이 저항선을 돌파한다면 짧은 목표치로 매도해야 한다는 것을 항상 명심하자. 이 경우 가격 조정 시 매수했던 저항선 구간(저항선이 이때에는 지지선으로 변한다) 아래로 가격이 내리는 경우가 생긴다. 따라서 이러한 매도벽·매수벽을 활용한 거래는 수렴 후 저항선을 돌파하며 상승할 때 매수하는 방법으로 활용하거나, 수렴 후 지지선을 아래로 돌파하며 하락할 때 매도하는 방법으로 활용하면 유용하다. 위의 경우에서 가격 변동이 순간 일어나므로 매매 속도가 빨라야 유리하다.

지지선 확인 → 매도가능 물량확인 → 매도가격, 물량 적어두기 → 지지선 하향 돌파 시 매도

자신의 평균 거래량이 거래소에서 거래하려는 코인 호가창에 걸려 있는 거래량보다 높으면 분할 매수를 하거나 거래금액을 비슷하게 맞춰서 매수한다. 나는 단독으로 이 방법을 사용하여 매수하는 것은 권하지 않는다. 보조지표의 과매도 수치 확인, 다이버전스 확인, 가격 추종 또는 커플링, 일반적인 지지선, 저항선, 추세선을 활용한 매매 방법에 호가창을 응용하여 매매하는 것이 좋다. 수렴 후 매수를 위해 호가창의 매수벽에서 매수할 때 저항선 돌파를 확인하거나 선행 거래소의 상승을 확인할 때 활용한다. 수렴 후 상승 시 강한 매수량과 함께 상승할 수 있으므로 매수 수량을 미리 적어두고 저항선을 돌파할 경우 매수 버튼을 빠르게 클릭한다. 이 방법을 통해 스캘핑을 하는 분들을 종종 보는데 손이 굉장히 빨라야 하고 호가매매에 의존하기 때문에, 초보자에게는 맞지 않다고 생각된다.

08 실패 사례만 피해도
크게 잃지는 않는다

매매를 돕다보면 여러 케이스를 마주하게 된다. 그동안 지근거리에서 지켜보며 있었던 많은 초보분들의 실수를 모아보았다. 여기 있는 실수만 안 하더라도 상승장에서 타인은 모두 수익을 내는데 나 혼자 멍하니 쳐다보는 일은 줄어들 것이다. 단순하게 욕심을 제어하고 마음을 가다듬는 내용이 아니다. 모두 수익을 내는데 나는 못 냈다면 이 중에 나에게 해당되는 부분이 분명 있을 것이고 그중 하나는 타임프레임을 잘못 봤을 것이라고 자신한다.

타임프레임을 잘못 본 경우

제일 흔한 경우이다. 스윙이나 장투를 하더라도 사는 그 순간은 짧은 봉으로 볼 줄 알아야 몇%라도 더 저점에 매수 할 수 있는데, 제일 크리티컬한 타임프레임을 놓치고 '저는 2시간 봉만 보는데요?'라고 하는 경우이다. 매매할 순간에 상황을 지배하는 타임프레임은 변동성과 지속성에 따라 5분봉이 될 수도, 1시간봉과 1일봉이 될 수도 있다. 생각해보자. 1분봉과 1시간봉에 동시 매수 시그널이 뜬 경우와, 1시간봉과 주봉에 동시 매수시그널이 뜬 경우 어떤 상황이 더 상승폭과 지속성이 클까?

비트하락 흐름을 놓치는 경우

소형알트만 노리는 분들에게서 자주 나타난다. 특히 중장기 투자가 아닌데도 종목을 여러개의 바구니에 담아 단타와 스윙의 그 어느 사이로 매매주기를 잡고 거래하는 경우에 가뜩이나 하나의 코인도 분석하기 어려운데 그것을 5, 6배로 만들었으니 하락을 주도할 수 있는 비트 흐름을 놓치는 경우가 많았다. 거기에 나눠담았으니 하나씩 파는 도중 손해는 더 크다.

호가 단위가 크거나 작은데 욕심을 낸 경우

거래금액이 100원 단위인 경우에는 한두 개의 호가만 뛰어도 쏠쏠한 매매가 되기도 한다. 문제는 급하게 사려다가 시장가로 위의 호가를 긁어버리는 경우이다. (호가 단위가 띄엄띄엄 있는 경우도 마찬가지) 이러면 시장가로 거래했기 때문에 수수료도 높아지고, 짧은 주기로 거래하는 분들은 심리적 압박도 느낀다. 그래서 아주작게 벌고 약간 크게 잃는 경우를 종종 본다. 이에 대해서는 호가 단위가 너무 작거나 거래량이 적은(호가 범위 넓은)경우에는 스탑로스(예약매매)나 지정가를 활용하는 것도 좋다.

실력에 비해 높은 목표를 가진 경우

메이저 알트만 해도 횡보장을 제외하면 변동성은 충분하다. 그러나 도파민에 너무 노출이 되어서 등락같지가 않다고 느끼는데 실력은 없다면 투자한 돈을 다 날리는건 시간문제다. 특히 레버리지 거래로 무리해서 양쪽으로 수익을 다 내려고 하다가 크게 날리는 분들이 정말 많다. 현물부터 마스터해도 전혀 늦지 않고 장은 또 돌아온다. 실력도 부족한데 레버리지까지 쓴다면 좋은 예후보단 안좋은 예후를 나는 많이 봤다.

지표의 후행성을 놓친 경우

이 케이스는 타임프레임과 연결된다. 4시간 봉 이상의 타임프레임에서 상승/하락 또는 과매수/과매도 지표가 나오려면 생각보다 큰 상승/하락이 나와야 한다. 따라서 그 전에 미리 염두를 하고 있거나 더 짧은 봉에서 이상징후를 캐치해야 한다. 마치 하인리히의 법칙처럼 말이다. 그런데 '6시간봉 바뀌면 사야지/팔아야지'라고 생각했다가 이미 6시간 뒤에는 큰 장대양봉, 장대음봉을 맞이하는 경우를 겪어 봤다면 앞의 타임프레임을 잘못 본 경우를 다시 정독해보자.

매매 원칙을 깬 경우(투자금 추가, 디파짓 추가)

단타가 장기투자자가 되고 장투한다고 했는데 갑자기 개수 늘린다며 모든 금액으로 단타를 하는 분들이 있다. 학교 다닐 때 답지 바꾸면 결국 틀린다는 말 들어봤는가? 물론 학교에서는 바꿔서 맞을 수도 있지만 이 시장에서 매매는 수없이 해야 하는데 스스로 리스크를 키우는 꼴이다. 나의 경우에는 장기 투자분은 철저하게 다른 곳에 분리해두고 원칙상 수익금은 바로 통장으로 인출했었다. 그래서 주변에서는 '독하다'라고까지 들었었다. 하지만 그렇게 안 하면 나의 경우 욕심 제어가 정말 힘들다. 추가적으로 항상 후회하는 분들이다. ~라면, ~했으면 등등 다양한데 후회를 하는건 더 나아지기 위한 리뷰라고 좋게 볼 수도 있지만, 매도/손절 등 행동으로 옮기지 못하고 매번 후회만 하는 경우에는 실력향상이 정말 어렵다.

사고팔고 사고팔고

매매에 중독된 이들이 있다. 상승장에서 무리하게 사고팔다 오히려 개수를 줄이는 이들이 많다. 애매한 타점에서 매매를 반복하면 수수료만 손해를 볼 수도 있다. 스캘퍼든 장기투자자든 근본적으로는 첫 매수와 마지막 매도를 잘 하기 위해 차트를 공부하는 것 아닌가? 초심자는 조금 더 벌기 위해 크게 잃는 실수를 하지 말자.

매매 자연재해 – 단기간 급등락 코인에 순간 물린 경우

이 부분은 사실 답이 없다. 단기 소재, 비트급락 및 악재, 이유불명의 손실은 사실 빠른 손절 후 관망이 답이고, 이런 상황을 피하기 위해 평소 '엉덩이를 가볍게' 해야 한다. 작은 금액이라도 손절을 할 때 평소에 확실히 해둬야 한다는 뜻이다.

투자 전 체크리스트

당신이 차트 매매에 궁금해하던 모든 것

　여기서 다루는 체크리스트는 매매를 시작하기 전 공부와 숙지 상태를 확인하는 체크리스트이며 매매의 순간에는 이 책에서 다루는 매매방법들과 기존에 내가 알던 지식 그리고 여러 루트를 통해 얻는 정보가 종합적으로 고려될 수 있도록 하나의 체계가 만들어져야 한다.

　이 책의 주요 독자인 초심자들은 한 번에 모든 것을 파악하려고 하면 어렵게 느껴질 수 있다. 본인이 수용 가능한 선에서 파악과 판단을 해보고 매매 실패 시 놓친 부분 중 고려하지 않았던 내용을 하나씩 추가해나가면 실력이 향상될 것이다.

　계획형인 사람이 있고 비계획형인 사람이 있다. 하지만 아무리 비계획형이라도 회사를 다니거나 사업을 한다면 짧은 틀에서라도 자유도는 높지만 업무 계획을 세웠을 것이다. 소중한 내 자산을 가지고 매매하는데 기본적인 계획은 종이에 적는 게 아니라 머리에 이식이 되어있어서 바로바로 즉각 반응이 되어야 한다.

체크리스트	이 책에서 참고할 곳
거래금액을 정하였는가	1.3 거래소 소개
얼마나 자주 투자할 것인가	1.6 투자스타일에 따른 포트폴리오 설정
어떤 보조지표를 사용할지 정하였는가	1.5 보조지표 설정
어디에 팔지 체크해봤는가	1.3 저항선
어디에 손절할지 체크해봤는가	1.6 손절
어느 타이밍에 살지 생각해봤는가	2.3 크맨타이밍
가장 먼저 어느방법으로 거래해볼까	2.2 골든크로스 데드크로스
스캘핑(초단기) 투자자가 되고싶다면	2.6 커플링, 디커플링 활용한 매매 2.8 호가창을 활용한 매매
가장 기초적인 거래방법을 알고 싶다면	1.3 지지선, 저항선, 추세선

• 나에게 맞는 거래소를 찾고 싶다

    → 1.3절 거래소 소개

• 직장인인데 차트 어떻게 봐야 할까

    → 1.6절 투자스타일에따른 포트폴리오설정

• 실제 거래를 하는 과정이 궁금하다

    → 2.8절 호가창을 활용한 매매

부록2

직장인 투자자의 투자 하루 일과

07:00 기상	시가총액(1d, 7d), 비트코인 차트(1d, 1h), 한국 프리미엄을 확인한다.
~08:30 출근길	관심 있는 코인의 차트를 확인한다. 단톡방 또는 인터넷에서 정보를 수집한다. 매수하려는 코인의 알람을 설정해둔다.
10:00~10:30 회의 전	자주 못 보는 상황이므로 초단타 투자자 모드에서 데이트 레이더 모드로 바꾼다. 1~15m으로 보던 차트를 15~1h으로 바꾼다.
12:00~13:00 식사 후 티타임	동기들과 모여 단타를 친다. 한 명은 한국 비트코인 차트, 한 명은 해외 비트코인 차트, 한 명은 투자하려는 알트코인 차트를 주시하며 매수타이밍을 찾아본다.
14:00~14:10 화장실	화장실에 잠시 들러서 비트코인과 매수하려는 코인들의 시황을 본다. 어느 코인 차트가 커플링되고 디커플링 되는지 확인한다. 매수하려는 가격에 도달한 코인을 분할로 매수한다. 오후에 현장에 나가므로 차트상 15m 기준 현재 가격에서 두 번째 위의 저항선에 분할로 매도를 걸어둔다. 혹시 모르니 알람을 상승, 하락 구간에 미리 울리도록 걸어둔다.
18:00~19:00 퇴근길	퇴근을 하며 차트를 확인한다. 목표가에 도달한 경우 개수를 늘릴 수 있는지 확인하고, 하락한 경우 추가 매수타이밍이 아닌지 확인해본다.
22:00 취침 전	조정장이 아닌 경우, 호재를 가까이 앞둔 경우, 계단식 상승하는 경우 코인을 홀딩한 채로 편히 취침한다. 차트가 애매하거나 전고점에서 저항이 두 번 이상 있는 경우 맘 편히 익절 또는 손절 후 취침한다.

부록3

알아두면 살이 되고 뼈가 되는
Best Q&A

Q. 보조지표 설정은 어떻게 해야 할까?

A. 보조지표들의 각종 설정 값들을 기본으로 설정해도 무방하다. 만약 보조지표들의 설정 주기를 짧게 바꾸면 그에 맞게 매매타이밍도 짧게 잡는 것이 좋다. 예를 들어 볼린저밴드 지표의 보조지표를 기본값인 20일로 설정한 경우 가격이 볼린저밴드 상단밴드 위로 나오는 부분부터 과매수이므로 매도를 고려하지만, 10일로 주기를 설정하면 상단밴드에 다가오는 부분에서 매도를 고려해야 한다.

보조지표를 기본값으로 매매를 하면서 자신의 매매 타이밍이 스캘핑에 가깝다면 같은 지표를 수치를 달리하며 2개 더 만들어서 하나의 지표를 총 3버

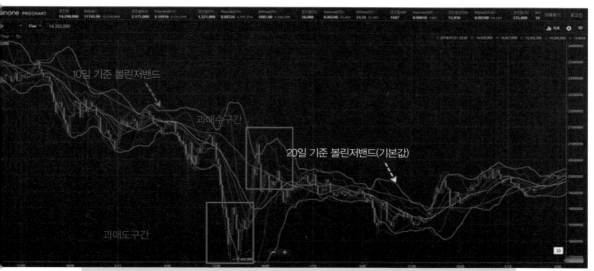

주기 설정에 따른 볼린저밴드 폭 차이. 과매수 구간에서 10일 기준 밴드가 근접할 때 매도가 고려되는 반면, 20일 기준(기본값) 밴드는 상단밴드를 넘어서 과매수 구간일 때 매도를 고려해야 한다.

전으로 매매하는 데 참고하며 설정값을 바꿔나가보자.

Q. 다른 보조지표는 쓰면 안 되나?

A. 보조지표의 종류는 많다. 본인의 스타일에 맞는 지표를 활용하면 좋다. 내가 주로 사용하는 Bollinger Bands, CCI, STCH MTM, MFI 지표는 초단타 거래부터 중장기 거래에도 유용하다. 상황에 따라 RSI, 일목균형표 등을 추가적으로 참고할 때도 있지만 나는 네 가지 지표 조합으로도 충분히 좋은 매매를 해왔기에 자신 있게 추천한다.

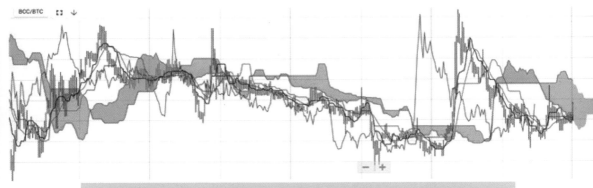

일목균형표를 사용한 차트. 그림의 초록색 부분이 양운, 빨간색 부분이 음운으로 이 구름들을 지지선/저항선으로 활용하여 거래한다. 앞의 공식을 활용하면 구름을 상향돌파 시 매수, 하향 돌파 시 매도한다.

만약 다른 좋은 보조지표를 발견하면 활용하여 거래해보자. 하지만 투자 스타일을 조합하게 수없이 많은 투자 방법이 생기게 된다. 자신의 상황에 맞는 투자 주기와 투자금액에 맞춰 자신만의 투자스타일을 만들어나가자.

Q. 무엇이 W형이고 M형인지 파악이 어렵다. 구분할 수 있는 방법이 있나?

A. 현재 가격이 내리는 상태에는 저점을 확인하고, 가격이 오르는 상태에는 고점을 확인한다. W형과 M형의 경우 천장과 바닥을 두 번 터치하는 경우

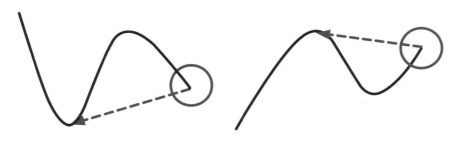

에 확인이 가능하다. 때문에 이전 가격흐름의 모양을 신경 쓰기보다는 가격의 고점/저점, 즉 저항선/지지선을 확인하면 M형과 W형을 파악할 수 있다.

가격이 떨어지면 바닥을 확인하고 W형을 염두에 두고 매수를 준비한다. 가격이 오르면 천장을 확인하며 M형을 고려하면서 매도를 준비한다.

Q. 차트가 좋아 보이는데, 시장상황이 안 좋으면 어떻게 해야 할까?

A. 호재보다 차트가 우선하고, 차트보다 시장상황이 우선한다. 호재라고 해서 무조건 홀딩해야 하는 것은 아니다. 지지선이 아래로 무너질 경우에는 매도를 해야 하며, 단순히 차트가 좋더라도 시장에 악재가 있는 경우나 예상되는 경우에는 매도를 고려해야 한다. 반대로 악재인 경우에는 먼저 악재가 사실인지 확인하고, 악재가 지속될 것인지 판단하고 과매도 구간에서 차트를 확인하며 매수를 고려한다. 차트에서 강한 하방을 보이더라도, 향후 시장상황의 반전이 예상될 경우 매수를 고려한다.

Q. 손절은 언제할까?

A. 투자자 본인이 정신적으로 흔들리지 않는 범위에서 과감히 손절할 줄 알아야 한다. 물론 매수·매도시그널을 확인하여 '상대방'의 입장에서 내가 파는 가격은 누군가 사는 가격임을 명심하고 손절해야 한다. 손절은 꼭 반등이 올 때까지 기다렸다 하는 것이 좋다. 충격의 여파로 정신적 판단이 어렵거

나 패닉셀을 하면 여지없이 반등이 오게 된다. 대하락장이더라도 반등을 하면서 떨어진다. 반등이 올 때 손절하는 원칙을 지켜야 한다.

차트상으로 지지선이 뚫릴 때 손절하는 것이 정석이다. 지지선이 깨질 것을 예상하고 손절을 했는데 지지선에서 반등하게 되면 오히려 코인 개수가 줄어 손해가 심해질 수 있다. 때문에 지지선을 하향 돌파하면 손절한다. 손절할 때에는 손절 이후 개수를 늘릴지 아예 관망을 할지 정해놓는다.

손절가를 조금 더 고려한다면, 자신이 생각한 퍼센테이지(±2~3%)와 지난 전저점과 시장상황과 상승추세선을 모두 고려해서 내가 생각한 손절 퍼센테이지가 지지선(전저점)과 비슷하면(지지라인 ±1~2%) 손절, 전저점 크게 이탈 시 손절 등 지지라인 기준으로 1~5% 내외 여유구간을 둬야 한다. 단기 악재로 낙폭이 크면 지지라인을 약간 뚫고 반등하는 경우도 많고, 계단식 하락장의 경우나 장기침체장은 지지라인에 도달 전 다이버전스나 V자 반등을 만들어 내기도 했다.

전저점 찾는 것은 타임프레임을 계속 보고 그때그때 달라진다. 긴 상승(몇 주 동안)이었다면 1시간이 아니라 최소 4, 6시간봉, 일봉상 지지라인이 될 가능성이 높고, 하루 정도의 상승이었다면 1~2시간봉 선에서 지지라인이 전저점이 될 가능성이 높다. 지지라인은 이런 경우의 수를 각각 곱해보면 수백 가지가 되어버린다. 그래서 익숙하거나 실수를 하는 상황에 대해 케이스스터디를 스스로 계속 해야 한다.

하락 케이스는 아니지만, 레버리지 거래 중 상승직후 횡보구간에 접어들면 숏 들어가서 청산까지 버티는 게 아니라 수수료만 떼고 나온다고 생각해야 한다. 애매한 포지션을 길게 끌고가다 손절을 놓치는 경우가 많다.

그동안 많이 받았던 질문과 확인했던 내용들 정리

지금은 하지 않지만 과거에는 잘 안 된다고 하는 분들을 직접 만나서 매매하는 것도 보고 교정을 해드렸다. 제일 많았던 유형 두 가지만 짚어보자면 아래와 같다.

같은 차트를 보더라도 전혀 다른 해석을 하시는 분들도 있었고, 타임프레임을 제한적으로만 보다보니 기회가 와도 놓치는 분도 있었다.

나머지 한 유형은 심리적으로 불안한 분들인데, 투자는 여유자금으로 해야 가능하다. 그동안 만나본 자산가분도 매매를 할때는 굉장히 심적으로 힘들어 하셨다. 누구나 투자를 할 때의 심적변동은 비슷하다고 느낄 수 있었다. 금액은 그릇에 맞게 점진적으로 늘리거나 줄여야 한다.

이에 대해 드리고 싶은 솔루션은 눈으로 익히는 데 그치면 안 되고, 기록을 많이 해야 한다. 내가 본 상황판단이 맞았는지 아닌지는 직접 매매한 기록뿐 아니라 당시 정황을 스크린샷을 찍어두고 비교해야 실력이 는다. 책에는 이걸 모두 담을 수가 없다. 유형별로 분류해서 나누기에는 양이 너무 많다.

어려움을 가진 분들에게 아래와 같이 당시 연습을 도왔다.

① 포트폴리오 선정

장기투자, 단기투자 금액 비중, 유형별(NFT, 중국계, 국내 등), 시기별(목표기간, 목표금액) 등등 고려해야 할 사항이 많다.

여러 요소를 고려해서 포트폴리오 전략을 설정하고 의사결정이 언제 필요한지 미리 염두해둬야 한다. 잊지 않게 알람을 걸어두면 좋다.

② 텔레그램, 뉴스, 단톡방 등 매매하는 코인의 기본적인 정보 숙지

이건 투자를 하는 분들이면 각자 커뮤니티나 sns를 통해 이미 알아서 잘 알고 계실거라 생각한다.

영어가 익숙하지 않아도 해외 커뮤니티나 트위터 등을 찾아보는 게 좋다.

③ 타임프레임별 차트 상황 확인 + 시장 흐름확인

제일 중요한 부분이다. 매수나 매도를 노리는 시점에서 모든 타임프레임을 빠르게 확인하고 어디서 변곡점(책에 수록한 매수매도 할 만한 타이밍, 지표 교차시점, 지표 최대지점 등)을 찾아서 그 타임프레임의 그림이 완성되는 시점(4시간봉이면 4시간봉 3개 이후 변곡점 예상된다 → 12시간 뒤 확인)을 눈여겨봐야 한다.

또한 매매하는 코인이 알트코인이나 BTC마켓에 따라 매매흐름이 달라질 수 있다.

비트코인이 주도하는 장인지 메이저/소형코인/비트코인 우세 장인지, 중국계/NFT/한국형 코인이 우세한 장인지 등 시장 흐름을 숙지하고 있어야 한다.

또한 주로 매매하려는 코인의 타이밍을 놓쳤을 때는 어떤 코인을 추종할지도 생각해야 한다.

④ 매매에 결정적으로 영향을 줄 타임프레임 확인 및 매매 시도시점 확인

지금 바로 매매를 하는 시점이 아니라면 다음 변곡점을 찾으며 매매를 시도해야 한다. 타이밍이 아니면 당연히 패싱하고 다음 타이밍을 노려야한다. 추종매매라면 손익비가 떨어지기 마련이다. 이때 내가 다음 매매시점을 어디로 잡을지 고민해야 한다. 매수할때 매도타이밍은 보여야 매수를 할 수 있다.

⑤ 매매 전략 수립 및 기록(스크린샷)

마지막으로 매수, 매도, 손절 범위를 정하고 변곡점으로 예상하는 부분의 스크린샷과 함께 간략한 코멘트를 달아두면 된다. 처음 매매 시점 이후 예상과 가격흐름이 달라질 때 어떻게 매매조건을 바꿀지(매수를 늦출지, 매수한 것을 일단 매도하고 볼지, 스탑로스 범위를 얼마나 정할지, 다른 코인으로 관심종목을 옮겨갈지, 주도하는 코인의 시장 흐름이 바뀌었다고 생각해서 종목을 바꿀지 등) PLAN B, C를 염두해야 한다.

이 과정을 반복하다보면 처음에는 시간이 오래걸려서 타이밍을 놓치는 경우가 생길 수도 있지만, 유형에 대해 어느 정도 숙지가 되고 차트를 보는 툴이 생기면 그 다음은 ①~④의 과정이 스마트폰으로 잠깐 보더라도 수초~1/2분 내에 의사결정을 할 정도로 실력이 올라갈 것이다.

⑥ 매매 후 확인

당시 생각과 비교해보면서 달라진 부분이 있다면 체크하고, 맞다면 체화하려 노력해야 한다.

여기에 이 책의 기본적인 책 내용을 이해하고, 내 매매스타일을 만들어가면서, 유튜버·탑 차티스트 등 다른 사람들의 관점이나 타이밍을 흡수하려고 신경써야 한다.

앞 절에서도 다뤘지만 다른 트레이더들의 차트리딩을 보며 나의 매매기법과 비교해볼 사항은 다음과 같다(다른 이들의 매매를 참고할 때 머리에서 바로 비교해봐야 하는 사항).

① 다른 트레이더의 매매 스타일은 어떤지

보통 차트 관련한 내용을 올리는 분들은 데이트레이더, 스윙 위주가 많다. 초단타는 예전에 17년도에 블로그에서 댓글로 알려드린 적은 있지만 따라오려면 제약이 많았다. 심지어 지인들을 과거에 카페에서 줄세워 앉혀놓고 같이 했을 때도 긴장하거나 망설이다가 못 따라가기도 하는 분도 있었다. 그래서 기본적으로 초단타로 매매를 짧게 가져가고 싶은 분들은 데이트레이더를 기반으로 범위를 더 좁혀서 거래해야 한다.

② 왜 차트에 추세선, 개형은 나와 다르게 그렸는지

매매스타일에 따라 누구는 추세선을 가파르게 누구는 1파, 2파 기준을 넓게 잡기도 하고 누군가는 컵앤핸들이라고 하지만 내가 보기엔 힘없이 계단식으로 반등하는 것처럼 보일 수 있습니다. 그러면 왜 저 사람은 저렇게 분석했을까 하고 기억한 뒤 남겨둬야 한다.

결국, 중요한 것은 매매 경험이 적을 때는 여러 사람을 다독하기보다는 한

두 사람 중 문체나 매매스타일이 나와 맞다고 생각되는 이들의 매매방식을 반복해서 참고하면서 나의 상황에 맞게 수정하는 게 필요하다.

③ 매매시점은 어떤 점에서 다른지

④ PLAN B, C(처음 예상한 흐름이 아닐 때)는 어떻게 다른지? 왜 다른지?

매매스타일에 따라 플랜 B, C도 다르게 가져가게 된다. 누군가는 아예 다음 확실한 기회까지 건너뛰기도 하고 누군가는 들어갈 만한 타이밍이 조금이라도 보이면 시도하기도 한다. 예상과 흐름이 달라질 때(ex: 헤드페이크, 시장에서 어떤 내용 발표) 손절을 선택할지 혹은 추격매수를 할지 또는 관망할지 등, 한 트레이더도 내가 느끼기엔 비슷한 상황이라 생각해서 이번에도 같은 선택을 할 거라 생각했지만 다른 선택을 할 수도 있다. 그럼 왜 계획을 다르게 세웠는지 고민해봐야 한다.

⑤ 결과는 어떻게 달랐는지?

내가 생각한 것이 더 가까웠는지 상대 결과가 더 좋았는지를 비교분석해보며 내 것으로 체화해야 한다. 이 과정에서 여러분의 실력을 한 단계 올릴 수 있다.

⑥ 다른 트레이더의 매매 스타일은 어떤지

⑦ 보조지표 설정

나에게 맞는 차트지표 설정은 앞부분에서 다뤘다.

이 책을 관통하는 중요한 것은 'WHY'다. 왜 그런지 비판적인 사고를 해야 한다. 주변에 매매를 잘하는 사람들이 설명해줘도 혹시 "그래서 뭐 사야 하는데?"로 물어봤다면 매매를 잘하는 사람은 당신께 알려줄 의지를 잃었을 것이다. 매도타이밍을 못 잡는데 종목만 알아서는 상실감만 커질 뿐이다. 눈으로만 째려보는 것이 아니라 저 사람은 왜 저런 생각으로 저런 방법으로 저런과정으로 매매를 하는지에 대해 고민이 필요하다.

이 책은 차트 왕초보를 위해 쉽게 쓰려고 노력한 책이다. 비판적 사고, 실력 향상에 대한 고민과 노력이 없으면 초보를 탈출할 수 없다. 이 책이 아니더라도, 어떤 책을 보더라도 어렵다고 느낄 것이다. 이 책 이후에 더 공부를 하고 싶으시다면 퀀트투자나 한두 가지 내용을 좁혀서 심화한 주식시장의 책들에 관심을 가지고 가상화폐시장에 맞는지, 지표범위를 어떻게 설정할 때 내 매매스타일과 유사해서 투자할 때 도움이 되는지 시도해보면 다음 단계로 성장할 수 있다. 물론 책에 주어진 지표만 나에게 맞게 잘 설정해도 충분하다. 차트매매를 통해 확률론적으로 투자를 접근한다고 생각하면 이 책의 연습문제나 예제를 통해 기초적인 내용은 습득할 수 있으리라 기대한다.

대시코인차트, 전저점을 지지선으로 하여 지지선을 하향 돌파 시 손절타이밍이다.

당연한 이야기를 지킬 수 있는가

가상화폐 투자는 욕망의 제어와 바른 삶이 초심자에게 중요하다. 운이 따를 사람 제외하고, 투자시기 좋은 사람 제외하고, 멘탈 좋은 사람 제외한 나머지 여집합은 시장에서 평범하지만 수익을 내고 싶은 집단이다. 즉, 한두 번의 행운은 있을 수 있지만 여러 번 교전을 통해 전쟁에 승리를 해야 하는 것이다. 한 번의 교전이라면 어떻게 어물쩡 넘어갈 수 있지만 전쟁에 승리하려면 지속성이 중요하다.

나의 리스크 관리가 필요하다. 돈, 직장/사업 그리고 삶에 대한 리스크다. 나는 매매를 하면서 내가 근로소득이나 사업소득으로 1년 내 메꾸지 못할 금액으로는 트레이딩하지 않았다. 그래서 큰 수익을 낼 그릇도 되지 않았다. 주변 분들이 통 큰 투자를 하는 것을 보면 나는 내 영역이 아니라고 생각했다. 큰 수익은 아니지만 덕분에 리스크 관리는 할 수 있었고 필요한 경우 제 때 나올 수 있었다고 생각한다. 다만 그것과는 별개로 실력에 비해 책을 내게 되어 지금도 부끄럽게 생각한다.

매매 타점의 작은 팁

먼저 큰 틀에서 케이스를 나눈다.

① 상승장인지, 횡보장인지, 하락장인지
② 저점에서 매수했는지 애매한 가격대인지(매수하고 예상대로 상승이 이뤄지지 않거나 상승이 더딜 때)
③ 목표 가격까지 범위가 얼마나 되는지(몇 시간 이내 홀딩, 며칠~몇 주 홀딩, 초기/최저점 진입했는데 상승장 시작하여 장기간 홀딩)

매도가의 경우

1에서 해당 종목이나 시장 흐름이 좋으면 오버슈팅 가능성이 있어서 이전 전고점이 1만원이면 9400원(30%), 9900원(50%), 10400원(20%)식으로 저항선의 위아래로 분할 목표가를 잡는다.

반대로 상승장의 끝자락의 경우에는 3개월 평균 수익률보다 절반 아래로 손절가를 잡는다. 예를 들어 하루 평균 수익률이 5%라면 2% 정도로, 하지만 여기서도 상승장이라 등락이 큰 장이면 손절을 더 짧게 하고 다음 포지션에서 큰 등락을 이용해 손실 회복 목표 가능하다.

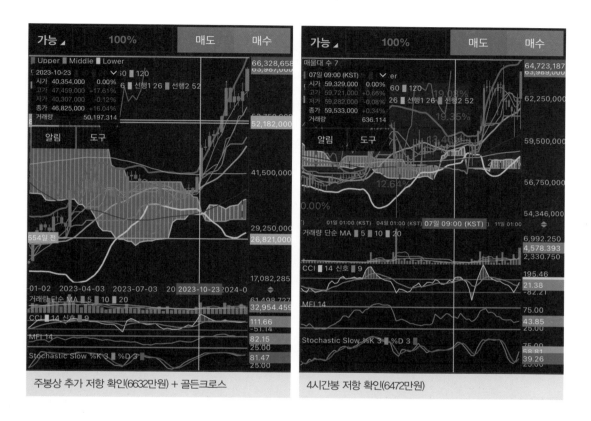

주봉상 추가 저항 확인(6632만원) + 골든크로스

4시간봉 저항 확인(6472만원)

상승 시 저항선 확인

2024년 비트코인 ETF 승인 전후 차트이다(1.11 오전 7:22). 먼저 확인 시점에 장대양봉으로 4시간봉에서 이미 상승이 등장했다. 다음 저항선은 BB상단인 6472만원 선에 존재하고, 주봉을 확인할 때 주봉에서 상승시그널(골든크로스 + 추세전환 실패)을 확인 가능하다. 따라서 추가적인 상승 가능성을 염두해야 한다. 주봉상 다음 저항은 6632만원 선이다. 주봉 다음 월봉에서는 7100만원이 저항선임을 확인 가능하다. 여기서 추가 상승을 막는 포인트는 이미 기대감으로 인한 선반영으로 인한 상승재료 소실, 짧은 봉에서 차트상 하락, 타코인으로 자금 이동(비트 하락폭은 작으며 이후 횡보 가능성)을 고려해야 했다.

이후 약 1시간 뒤 추가상승이 나와 4시간봉 저항선을 넘은 것을 확인 가능하다(24.1.11 오전 8:12). 다시 매매포인트를 보려면 짧은 봉으로 바꿔서 앞 절의 책 내용을 활용해서 다시 분석하면 된다.

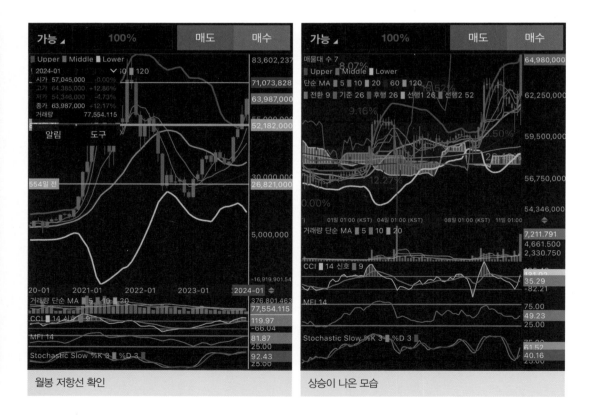

월봉 저항선 확인

상승이 나온 모습

220

추가 상승 여부 판단하기

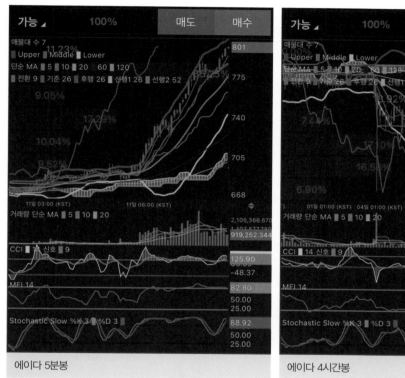

에이다 5분봉

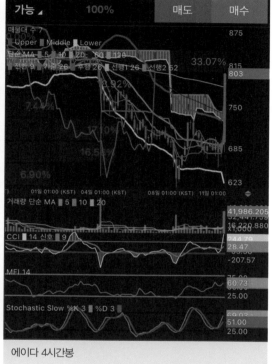

에이다 4시간봉

　5분봉의 경우 거래량이 약간 줄고 MFI가 가격 고점 상승 대비 다이버전스를 보여주고 있다. 다음 저항선은 BB상단이다. 하지만 짧은 봉이므로 더 넓은 관점을 봐야 한다.

　에이다 4시간봉으로 보면 기존 지지선이 저항선이 되어 구름대와 가격대로 저항을 받는 것을 확인할 수 있다. 지표상 심한 과매수는 아닌 상황이다.

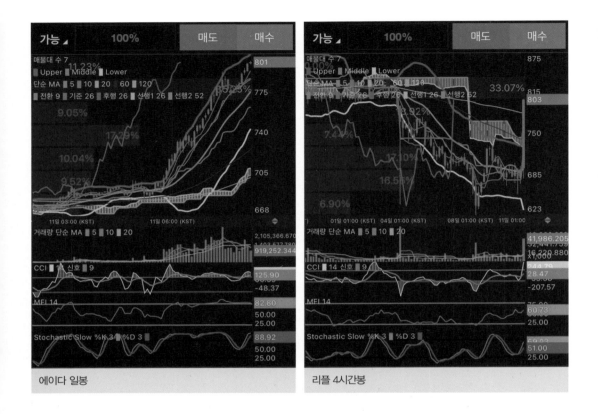

에이다 일봉

리플 4시간봉

　　일봉으로 본다면 마찬가지로 저항구간에 돌입했다. 비슷한 움직임을 보이는 리플코인 역시 저항구간이다. 따라서 추가상승보다는 강한 저항구간에서 첫 턴은 한 번 저항을 받을 것을 염두한다.

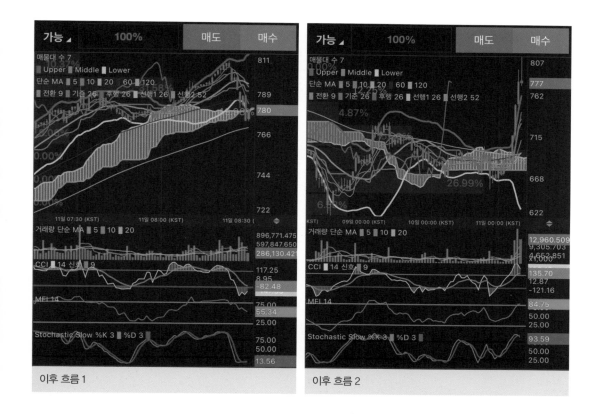

이후 흐름 1

이후 흐름 2

가격 조정 이후에는 다시 매수타점을 확인해야 하고 1시간봉에서 봉 마감 시 역망치형 마감을 확인하며 데드크로스 여부를 판단한다.

관망도 매매의 일부다

매매중독에 빠지면 자산이 가만히 있는 꼴을 보지 못한다. 심하면 불안감도 느낀다. 경향이 안 보이거나 매수 직후 애매한 경우나 장이 안 좋은 경우에는 관망할 줄 알아야 한다. 애매한 포지션에 진입하면 심리적으로 굉장히 쫓길 수 있다.

다이버전스가 나왔지만 관망해야 하는 사례

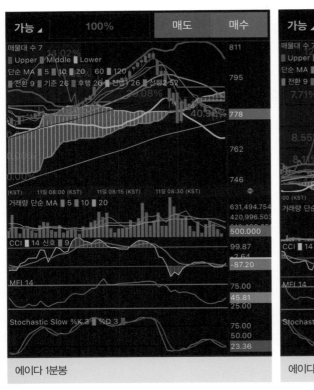

에이다 1분봉

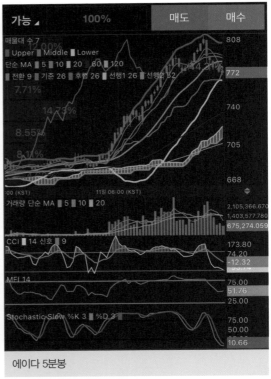

에이다 5분봉

위의 조정 직후 다이버전스가 1분봉에서 포착되었다. 3지표중 2개인 CCI, 스토캐스틱의 지점의 저점이 높아지고, 추가하락 시 거래량이 줄어들며 보여준다. 매매타점은 추가상승을 이어갈 경우 구름대인 780중반대, 1분봉 밴드 상단인 전고점 부근을 볼 수 있다. 추가하락 시 밴드하단까지 계단식으로 내릴 가능성을 염두해야 한다. 같은 시간 5분봉은 근거리 CCI, 스토캐스틱의 지표가 최저점을 나타낸다. 변수는 비트코인의 동시 조정 여부이다. 이 경우 매수, 매도, 손절점을 정하고 들어가면 굉장히 적은 기댓값으로 매매를 해야한다.

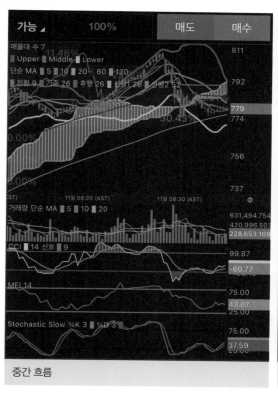

중간 흐름

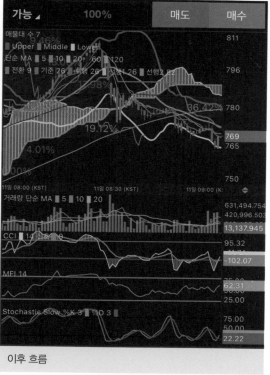

이후 흐름

중간 흐름을 보자 짧은 봉으로 골든크로스는 나왔는데 상승이 지지부진하다. 이런 경우에는 예상과 다르므로(저항값 근처에 도달 실패) 다시 관망해야 한다. 이유는 큰 상승 직후 되돌림이었고, 이미 상승분 다 나오고 짧은 기댓값으로 들어갔으며, 보조지표상 중기 흐름에서는 횡보내지 조정신호였기 때문이다(지면관계상 중기흐름은 넣지 않음). 이후 흐름은 조금씩 타고 흐르는 걸 볼 수 있다. 이때는 다시 봉을 넓혀서 되돌림 구간과 지표가 다시 골든크로스가 나오는 타임프레임을 확인한다.

차트 공부의 순서

대부분 투자에 대한 공부를 하게 되면 유튜브 등 접하기 쉬운 내용을 바탕으로 대강의 흐름을 파악하여 홀짝매매를 진행한다. 그러다 흐름이 눈에 보이면 느낌매매를 하고 초심자의 행운이 사라질 때쯤 공부 시작의 필요성을 느낀다. 이후 여러 방법을 통해 초심자 탈출을 시도한다.

이 책은 이 단계의 독자를 위한 책이다. 이 단계를 벗어나면 케이스스터디가 익숙해지며 인사이트로 장착될 것이다. 이후에는 차트뿐 아니라 시장을 읽는 관점과 동향 등 투자 외적요소에도 관심을 갖게 될 것이다. 마지막 단계로는 투자 심리를 제어하기 위한 루틴이 생기거나 멘탈 컨트롤을 하며 주식 시장 등 기존 시장과 비교를 하며 배움의 전문화 단계에 돌입할 것으로 생각된다. 이 책으로 첫 걸음마를 떼는 데 작은 도움이 되면 좋겠다.

이 과정에서 중요한 것은 메타인지가 되는 것이다. 내가 어느 정도 역량

인지, 나의 멘탈은 어느 정도로 버틸 수 있는지, 내가 모르는 것은 무엇인지, 비슷한 사례를 만났을 때 실수를 반복하지 않을 수 있는지 스스로 알아야 한다. 그래서 틀에 갇히지 않고 유연하게 적용할 준비가 되어 있어야 한다.

그다음으로는 숙련된 기술자를 목표로 한다. 감이 너무 좋아서 처음부터 잘하는 사람도 있지만 이 책은 그런 사람을 대상으로 하는 게 아닌 일반 초심자를 위한 책이다. 결국 반복하며 인지능력을 강화하고 그다음 숙달하여 감을 만드는 것이 중요하다. 생활의 달인에서 눈대중이나 감으로만 정확히 계량하는 분들을 본 적 있을 것이다. 매매에서도 그런 감이 중요한데, 상황판단능력인 것이다. 지금 짧게는 어떤 흐름이고 길게는 어떤 흐름인지, 매수 시 기댓값(리스크대비 수익률)은 어떤지, 비슷한 상황은 언제 있었는지 등을 빠르게 파악해서 결론은 매수 or 매도 or 포지션홀딩이 빠르게 정해져야 한다.

투자일지

투자일지를 쓰면 돈이 들어온다

잘한 점·잘못한 점, 수익·손실에 대해 간단히 기록
- 당시 그렇게 한 이유를 적는다
- 한 달 후 목표치를 작성하고 나중에 비교

틀린 수학문제는 시간이 지나면 또 틀리는 경우가 많다. 투자도 마찬가지다. 개개인의 투자 실수는 다른데, 실수는 반복된다. 이를 조금이라도 개선하기 위해서는 투자했을 때 잘했던 것과 실수한 것을 기록해 놓는다. 어쩌면 귀찮을 수도 있지만, 실수를 줄이는 데 분명 도움이 된다. 반복되는 실수를 줄이고, 좋은 매도나 매수의 기억을 살려 다음 거래에도 활용할 수 있도록 준비하자.

거래일	주요거래 코인	내용과 이유		주요손익률	기타
		잘한 점	아쉬운 점		

에필로그

주위에서 종종 아직도 가상화폐 하냐고 물어본다. 나의 공식적인 대답은 '안 한다'이다. 근데 책 개정을 왜 했냐고 물어본다면 다음과 같은 이유 때문이라고 말을 한다.

그동안 책을 내고 18년도에 활동과 각종 실험을 직접 진행하며 깨달은 점들을 포함하고 싶었다. 두 번째는 오래된 책임에도 불구하고 여러 루트를 통해 비슷한 질문을 많이 받아서 해당 부분을 책에 포함하려는 의도이다. 마지막은 먼 훗날 다시 책을 봐도 기초적이고 공통적인 지식은 지속된다는 점을 책을 통해 보이고 싶어서 마지막으로 수정했다.

이 책은 역시 파레토의 법칙을 따를 것이다. 누군가는 작은 힌트에서 내것으로 만들어 발전시킬 사람이 있을 것이고, 누군가는 별 내용 없네 하며 재활용장으로 책을 보낼 수도 있을 것이다. 파랑새는 없었다. 높은 수익률을 보장하고 장밋빛 미래만 이야기하는 일부 사람들을 경계하라. 매수한 이유, 목표, 실패 시 플랜B에 대해 설명하지 못한다면 그것은 더 이상 투자가 아니라 투기이다.

'감과 센스', '순발력', '분석력', '인사이트', '절제력' 중 하나를 크게 발달시키지 못하면 시장에서 살아남기 어렵다. 10번 익절해도 11번째 매매에서 욕심을 내면 한 번에 그르친다. 타이밍을 놓치면 삶은 개구리 증후군처럼 차근차근 자산이 사라진다.

이 책은 매매에 포함되는 여러 요소 중에서 후행적인 지표를 가지고 순간 의사결정하는 데 도움을 주는 극히 일부 요소만 내용을 포함한다. 책을 처음 내고 개정하게 되는 순간이 되며 고수가 정말 많다고 느꼈다. 그에 비하면 나는 책만 운좋게 냈을 뿐 그릇이 작은 중급자라고 생각한다. 따라서 이 책을 읽은 독자분들은 시장을 입문하는 데 가장 기초적인 본 책을 바탕으로 본인에게 맞는 핏을 찾아 맞춤 정장으로 완성해나가길 희망한다.

"투자는 제발 여유자금으로만 하세요. 부탁입니다.

책이 많이 부족하지만 읽어주셔서 감사합니다."

📖 북오션 부동산 재테크 도서 목록 📖

부동산/재테크/창업

장인석 지음 | 17,500원
348쪽 | 152×224mm

롱텀 부동산 투자 58가지

이 책은 현재의 내 자금 규모로, 어떤 위치의 부동산을 언제 살 것인가에 대한 탁월한 분석을 펼쳐 보여 준다. 월세탈출, 전세탈출, 무주택자탈출을 꿈꾸는, 건물주가 되고 싶고, 꼬박꼬박 월세 받으며 여유로운 노후를 보내고 싶은 사람들을 위한 확실한 부동산 투자 지침서가 되기에 충분하다. 이 책은 실질금리 마이너스 시대를 사는 부동산 실수요자, 투자자 모두에게 현실적인 투자 원칙을 수립할 수 있도록 해줄 뿐 아니라 실제 구매와 투자에 있어서도 참고할 정보가 많다.

나창근 지음 | 15,000원
302쪽 | 152×224mm

나의 꿈, 꼬마빌딩 건물주 되기

'조물주 위에 건물주'라는 유행어가 있듯이 건물주는 누구나 한 번은 품어보는 달콤한 꿈이다. 자금이 없으면 건물주는 영원한 꿈일까? 저자는 현재와 미래의 부동산 흐름을 읽을 줄 아는 안목과 자기 자금력에 맞춤한 전략, 꼬마빌딩을 관리할 줄 아는 노하우만 있으면 부족한 자금을 충분히 상쇄할 수 있다고 주장한다. 또한 액수별 투자전략과 빌딩 관리 노하우 그리고 건물주가 알아야 할 부동산지식을 알기 쉽게 설명한다.

박갑현 지음 | 14,500원
264쪽 | 152×224mm

월급쟁이들은 경매가 답이다
1,000만 원으로 시작해서 연금처럼 월급받는 투자 노하우

경매에 처음 도전하는 직장인의 눈높이에서 부동산 경매의 모든 것을 알기 쉽게 풀어낸다. 일상생활에서 부동산에 대한 감각을 기를 수 있는 방법에서부터 경매용어와 절차를 이해하기 쉽게 설명하며 각 과정에서 꼭 알아야 할 중요사항들을 살펴본다. 경매 종목 또한 주택, 업무용 부동산, 상가로 분류하여 각 종목별 장단점, '주택임대차보호법' 등 경매와 관련되어 파악하고 있어야 할 사항들도 꼼꼼하게 짚어준다.

초저금리 시대에도 꼬박꼬박 월세 나오는
수익형 부동산

나창근 지음 | 17,000원
332쪽 | 152×224mm

현재 (주)기림이엔씨 부설 리치부동산연구소 대표이사로 재직하고 있으며 [부동산TV], [MBN], [한국경제TV], [KBS] 등 방송에서 알기 쉬운 눈높이 설명으로 호평을 받은 저자는 부동산 트렌드의 변화와 흐름을 짚어주며 수익형 부동산의 종류별 특성과 투자노하우를 소개한다. 여유자금이 부족한 투자자도 전략적으로 투자할 수 있는 혜안을 얻을 수 있을 것이다.

4000만 원으로 시작하는
부동산 경매 투자

김중근 지음 | 19,000원
280쪽 | 141×205mm

이 책은 저자의 경험을 솔직하게 다 보여주는 가장 쉬운 부동산 경매 교과서다. 부동산경매 입문부터 소액 투자로 경매에 참가해 차츰 노하우가 쌓여가는 저자의 경험을 통해 경매 이야기를 쉽게 풀어준다. 경매로 10억 이상을 벌어 평범한 직장인에서 부동산 전업 투자자이자 중개인으로 변신한 저자의 경험이 내 집 마련과 부동산경매에 관심 있는 초보 투자자들에게 많은 도움이 될 것이다.

주식/금융투자

북오션의 주식/금융 투자부문의 도서에서 독자들은 주식투자 입문부터 실전 전문투자, 암호화폐 등 최신의 투자흐름까지 폭넓게 선택할 수 있습니다.

주식투자
기본도 모르고 할 뻔했다

박병창 지음 | 19,000원
360쪽 | 172×235mm

코로나 19로 경기가 위축되는데도 불구하고 저금리 기조가 계속되자 시중에 풀린 돈이 주식시장으로 몰리고 있다. 때 아닌 활황을 맞은 주식시장에 너나없이 뛰어들고 있는데, 과연 이들은 기본은 알고 있는 것일까? '삼프로TV', '쏠쏠TV'의 박병창 트레이더는 '기본 원칙' 없이 시작하는 주식 투자는 결국 손실로 이어짐을 잘 알고 있기에 이 책을 써야만 했다.

박병창 지음 | 18,000원
288쪽 | 172×235mm

현명한 당신의
주식투자 교과서

경력 23년차 트레이더이자 한때 스패큐라는 아이디로 주식투자
교육 전문가로 불리기도 한 저자는 "기본만으로 성공할 수 없지
만, 기본 없이는 절대 성공할 수 없다"고 하며, 우리가 모르는
'기본'을 설명한다. 아마도 이 책을 보고 나면 '내가 이것도 몰랐
다니' 하는 감탄사가 입에서 나올지도 모른다. 저자가 말해주는
세 가지 기본만 알면 어떤 상황에서도 주식투자를 할 수 있다.

최기운 지음 | 18,000원
424쪽 | 172×245mm

10만원으로 시작하는
주식투자

4차산업혁명 시대를 선도하는 기업의 주식은 어떤 것들이 있
을까? 이제 이 책을 통해 초보투자자들은 기본적이고 다양한
기술적 분석을 익히고 그것을 바탕으로 향후 성장 유망한 기업
에 투자할 수 있는 밝은 눈을 가진 성공한 가치투자자가 될 수
있다. 조금 더 지름길로 가고 싶다면 저자가 친절하게 가이드
해준 몇몇 기업을 눈여겨보아도 좋다.

곽호열 지음 | 19,000원
244쪽 | 188×254mm

초보자를 실전 고수로 만드는
주가차트 완전정복

이 책은 주식 전문 블로그 〈달공이의 주식투자 노하우〉의 운영
자 곽호열이 예리한 분석력과 세심한 코치로 입문하는 사람은
물론 중급자들이 놓치기 쉬운 기술적 분석을 다양하게 선보인
다. 상승이 예상되는 관심 종목 분석과 차트를 통한 매수매도타
이밍 포착, 수익과 손실에 따른 리스크 관리 및 대응방법 등 주
식시장에서 이기는 노하우와 차트기술에 대해 안내한다.

근투생 김민후(김달호) 지음
16,000원 | 224쪽
172×235mm

삼성전자 주식을 알면
주식 투자의 길이 보인다

인기 유튜브 '근투생'의 주린이를 위한 투자 노하우. 국내 최초로
삼성전자 주식을 입체분석한 책이다. 삼성전자 주식은 이른바
'국민주식'이 되었다. 매년 꾸준히 놀라운 이익을 내고 있으며,
변화가 적고 꾸준히 상승할 것이라는 예상이 있기에, 이 책에서
는 삼성전자 주식을 모델로 초보 투자자가 알아야 할 거의 모든
것을 설명한다.

유지윤 지음 | 25,000원
312쪽 | 172×235mm

하루 만에 수익 내는
데이트레이딩 3대 타법

주식 투자를 한다고 하면 다들 장기 투자나 가치 투자를 말하지만, 장기 투자와 다르게 단기 투자, 그중 데이트레이딩은 개인도 충분히 가능하다. 물론 쉽지는 않다. 꾸준한 노력과 연습이 있어야 한다. 하지만 가능하다는 것이 중요하고, 매일 수익을 낼 수 있다는 것이 중요하다. 그 방법을 이 책이 알려준다.

유지윤 지음 | 18,000원
264쪽 | 172×235mm

누구나 주식투자로
3개월에 1000만원 벌 수 있다

주식시장에서 은근슬쩍 돈을 버는 사람들이 있다. '3개월에 1000만 원' 정도를 목표로 정하고, 자신만의 투자법을 착실히 지키는 사람들이다. 3개월에 1000만 원이면 웬만한 사람들 월급이다. 대박을 노리지 않고, 딱 3개월에 1000만 원만 목표로 삼고, 그것에 맞는 투자 원칙만 지키면 가능하다. 이렇게 1000만 원을 벌고 나서 다음 단계로 점프해도 늦지 않는다.

터틀캠프 지음 | 25,000원
332쪽 | 172×235mm

캔들차트 매매법

초보자를 위한 기계적 분석과 함께 응용까지 배울 수 있도록 자세하게 캔들 중심으로 차트의 원리를 설명한다. 피상적인 차트 분석이 아니라 기계적으로 차트를 발굴해서 실전에서 활용하는 데 초점을 맞춘 가이드북이다. 열심히 공부하고 노력하여 자신만의 매매법을 확립해, 돈을 잃는 투자자에서 수익을 내는 투자자로 거듭날 계기가 될 것이다.

유지윤 지음 | 25,000원
240쪽 | 172×235mm

1000만 원으로 시작하는
데이트레이딩

적극적이고 다혈질인 한국인에게 딱 맞는 주식투자법, 바로 데이트레이딩이다. 초보자에게 상승장, 하락장뿐만 아니라 횡보장에서도 성공적인 데이트레이딩 전략을 제시한다. 매매 노하우와 스킬을 향상시켜 일상적인 수익 창출을 이끌어줄 것이다. 개인투자자로서의 마음가짐부터 안전하게 시작할 수 있는 꿀팁을 제공한다. 차트를 보면 돈 벌어줄 종목이 보인다!